U0923411

幼儿园教育活动丛书　·丛书主编　杜旭林　严先元·

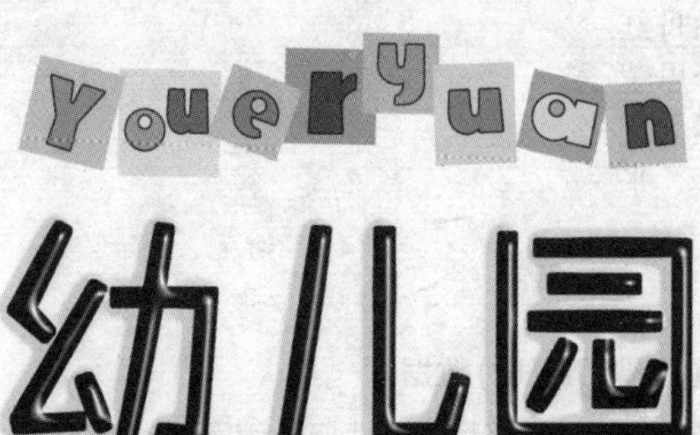

幼儿园
的健康教育活动

YOUERYUAN DE JIANKANG
JIAOYU HUODONG

杜旭林◎编著
本书编写人员◎谢应琴　陈小燕
汪　玲　唐林兰

四川大学出版社

责任编辑:徐丹红
责任校对:李思莹
封面设计:墨创文化
责任印制:李　平

图书在版编目(CIP)数据

幼儿园的健康教育活动 / 杜旭林编著. —成都:四川大学出版社,2011.8
(幼儿教育活动指导丛书 / 杜旭林,严先元主编)
ISBN 978-7-5614-5424-4

Ⅰ.①幼…　Ⅱ.①杜…　Ⅲ.①健康教育-教学研究-学前教育　Ⅳ.①G613

中国版本图书馆 CIP 数据核字(2011)第 169641 号

书名　**幼儿园的健康教育活动**

编　著　杜旭林
出　版　四川大学出版社
地　址　成都市一环路南一段 24 号(610065)
发　行　四川大学出版社
书　号　ISBN 978-7-5614-5424-4
印　刷　郫县犀浦印刷厂
成品尺寸　148 mm×210 mm
印　张　7.125
字　数　182 千字
版　次　2011 年 9 月第 1 版
印　次　2012 年 3 月第 2 次印刷
印　数　4 001~6 000 册
定　价　18.00 元

◆读者邮购本书,请与本社发行科联系。电 话:85408408/85401670/85408023　邮政编码:610065
◆本社图书如有印装质量问题,请寄回出版社调换。
◆网址:http://www.scup.cn

丛书总序

人生百年，立于幼学。发展学前教育事关亿万儿童的健康成长，事关千家万户的切身利益，事关国家和民族的未来。党中央、国务院历来高度重视学前教育。胡锦涛总书记、温家宝总理都对发展学前教育事业作出了重要指示。2010 年 7 月颁布的教育规划纲要，第一次把学前教育专章单列部署。近期，国务院常务会议研究部署当前发展学前教育的政策措施，并印发了《国务院关于当前发展学前教育的若干意见》。我国学前教育迎来了一个前所未有的发展机遇。

大力发展学前教育，是建设人力资源强国的必然要求，是提升国民整体素质、提高国家竞争力的重要举措。学前教育是终身学习的开端，接受科学的学前教育，对幼儿习惯养成、身心健康和全面发展具有重要的意义，对人一生的发展起着至关重要的作用。学前教育是重要的社会公益事业，是一项重要的民生工程。大力发展学前教育，对于保障和改善民生、促进社会和谐稳定具有重大现实意义。

推进学前教育科学发展，应以幼儿为本，遵循幼儿成长规律和学前教育规律，探索科学保教方法，一切以促进幼儿身心健康成长为重，保障适龄幼儿接受基本的、有质量的学前教育。

学前教育要发展，师资是关键。建设一支师德高尚、热爱儿童、业务优良、结构合理的幼儿教师队伍，是解决学前教育“广覆盖、保基本、有质量”的当务之急。为了加强幼儿教师的培养和培训，我们按照“实践取向”的要求，以最具操作性的幼儿园教育活动为切入口，全面而清晰地对幼儿教育活动的组织与实施，对幼儿教育活动各内容领域的目标要求和具体运作方法作了精要的阐述，目的是让广大幼儿教师掌握工作知识，增长实践智慧，走上专业发展之路。本丛书各分册都融汇了最新的理论成果和实践经验，提供十分丰富的操作案例作为借鉴，适合骨干教师和全员培训选用，也可作为教师自主学习及校本教研的学习材料，对教师提高教学水平和专业素质，极富实用价值。同时，本套丛书也很适合幼儿的家长阅读，是家庭科学育儿最精要、最实用的指导书。

目　录

第一章 幼儿园健康教育活动的重要意义

一、健康教育是幼儿园教育的首要任务

《幼儿园教育指导纲要（试行）》（以下简称《纲要》）明确要求："幼儿园必须把保护幼儿的生命和促进幼儿的健康放在工作的首位。"0～6岁是人生命的初始时期，无论身体还是心理都处于发展的高峰期。健康既是幼儿身心和谐发展的结果，也是幼儿身心充分发展的前提。离开健康，幼儿就不可能从事学习，尽情游戏，甚至无法正常生活，同时更不可能拥有一个完整而有高质量的人生。因此保护生命、促进身心健康发展是幼儿园教育的首要任务，是终身健康教育的基础，是幼儿园教育中最重要的组成部分。

幼儿健康教育是根据幼儿身心发展的特点，以提高幼儿的健康认识、改善幼儿的健康态度、培养幼儿的健康行为、维护和促进幼儿的健康为核心目标而开展的有组织、有计划、有目的的一系列教育活动。

（一）健康教育为幼儿终身发展奠定基础

儿童教育家陈鹤琴先生充分认识到健康对于儿童个体以及国家前途的意义，认为"健全的身体是一个人做人、做事、做学问的基础"。"强国必先强种，强种必先强身，要强身先要注意幼年

的儿童。”“幼稚园第一要注意的是儿童的健康。”[①] 这是因为幼儿的身心健康是其全面和谐发展的基本条件，是智能素质、品行素质和审美素质的基础。幼儿时期的健康不仅能够提高幼儿期的生命质量，而且为终身发展奠定基础。幼儿健康也是人类生命质量得以提高的基石，增强幼儿健康不仅能造福幼儿而且有益于多种成年期疾病的早期预防；幼儿健康水平的提高能体现人类社会的进步。学前儿童的健康是指身体健康、心理健康与社会健康的有机统一，幼儿健康教育是终身健康教育的基础，能促进幼儿身体、认知、道德、审美的健康发展，为其终身发展奠定基础。

（二）健康教育为幼儿幸福生活创造条件

“促进幼儿的健康”是由幼儿健康的特有价值所决定的。17 世纪英国伟大的哲学家和启蒙思想家约翰·洛克认为：“人生幸福有一个简短而充分的描述：健全的心智寓于健全的身体。凡身体和心智都健全的人就不必再有什么别的奢望了；身体或心智如果有一方面不健全，那么即使得到了种种别的东西也是枉然。”[②] 古希腊哲学家赫拉克利特说道：“如果没有健康，智慧就难以表现，文化无从施展，力量不能战斗，财富变成废物，知识也无法利用。”有了健康就有了希望，有了希望就有了一切。健康既是幼儿身心和谐发展的结果，也是幼儿身心充分发展的前提；健康是幼儿幸福快乐的源泉，离开健康，幼儿就不可能尽情游戏，也不可能专心学习，甚至无法正常生活；幼儿时期的健康不仅能提高幼儿期的生命质量，而且为一生的健康赢得了时间。

---

① 北京市教育科学研究所编. 陈鹤琴全集. 第一卷. 南京：江苏教育出版社，1989：117.

② 约翰·洛克. 教育漫话. 徐诚，等，译. 石家庄：河北人民出版社，1998：3.

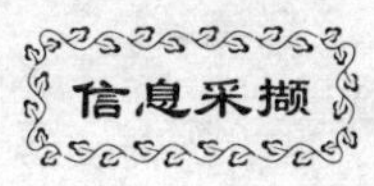

健康是幼儿幸福快乐的源泉①

生活中，我们常常发现，一个头脑发热或严重腹泻的幼儿，无法正常饮食或安然入睡；一个脑伤患儿有可能失去记忆；一个心理过分紧张的幼儿无法较快适应新环境；一个骨折患儿，很可能连如厕问题都无法独立解决……而几乎所有幼儿都存在着患病期间脾气暴躁的现象。

英国哲学家和教育家斯宾塞认为："消化良好，脉搏有力，情绪高涨，是任何身外利益无法胜过的幸福因素。长期的身体毛病使最光明的前途蒙上阴影，而强健的活力使不幸的境遇也能发光。"因此每个幼儿教师都应该懂得身心健康对幼儿生命发展的独特价值，健康是幼儿幸福快乐的源泉。

（三）健康教育为幼儿生命安全提供保护

"确保幼儿安全、保护幼儿的生命"是由幼儿身心发展的特点决定的。幼儿的生长发育十分迅速但远未完善，幼儿的可塑性很强但知识经验匮乏，幼儿的活动欲望强烈但自我保护意识薄弱，幼儿的心灵稚嫩纯洁且特别容易遭受伤害，因此幼儿期也是人一生中最容易出现事故和危险的时期。经过调查发现，幼儿发生意外事故的几率是成年人的三倍。幼儿健康的身体，特别是生命的安全，是一切发展的物质基础，是一切发展的保障，只有在儿童生命健康存在的基础上才能保证其身心健康发展。陈鹤琴先生认为："幼稚园第一要注意的是儿童的健康。"

---

① 顾荣芳．学前儿童健康教育论．南京：江苏教育出版社，2006：20．

信息采撷

意外伤害性事故成了幼儿生命的最大威胁

据统计，在中国，意外伤害是4~5岁儿童的首要死因，每年约20 000名幼儿，平均每天有近55名儿童因意外伤害而失去生命。我国城市儿童因意外伤害所致的死亡率为15.8/10万（人），这些数据都说明意外伤害已成了幼儿生命的最大威胁。

四川省成都市某幼儿园老师对该园2009年9月~2010年7月期间园内发生的幼儿意外事故作了调查，发现一年间共发生事故23起，其中小事故（皮肤浅表损伤在2cm×2cm以内）20起，中事故（扭伤、脱臼、皮肤缝合3针或以下）2起，大事故（皮肤缝合4针或以上，或无功能性损伤的闭合性骨折）1起。可见，幼儿比成人更容易发生意外伤害性事故。

由此可见，加强安全教育，培养幼儿的自我保护能力是十分重要的，它关系到每个幼儿的安全和健康，关系到每个家庭的幸福平安。

二、正确的健康观念与健康衡量标准

（一）健康的涵义及其特性

1. 健康的涵义

健康是人类生存和发展的基础。人类对健康的认识和理解，随着社会的发展和人类自身认识的深化，有一个不断更新、扩展，并赋予更丰富内涵的过程。传统的观念认为：健康是指身体没有缺陷和疾病。

1948年，联合国世界卫生组织（WHO）指出："健康是一种生理、心理与社会适应都臻于完满的状态，而不仅是没有疾病和摆脱虚弱的状态。"并提出了健康的十条标准：

①有充沛的精力，能从容不迫地担负日常工作和生活，而不感到疲劳和紧张；

②积极乐观，勇于承担责任，心胸开阔；

③精神饱满，情绪稳定，善于休息，睡眠良好；

④自我控制能力强，善于排除干扰；

⑤应变能力强，能适应外界环境的各种变化；

⑥体重得当，身材匀称；

⑦牙齿清洁，无空洞，无痛感，无出血现象；

⑧头发有光泽，无头屑；

⑨反应敏锐，眼睛明亮，眼睑不发炎；

⑩肌肉和皮肤富有弹性，步伐轻松自如。

1989 年联合国世界卫生组织（WHO）进一步拓展了健康的概念，认为健康应包括躯体健康、心理健康、社会适应良好和道德健康。

后来，世界卫生组织又提出了身体健康“五快”和精神健康“三良好”的新标准。“五快”是指食得快、便得快、睡得快、说得快、走得快。“三良好”是指良好的个性人格、良好的处事能力和良好的人际关系。

由此可以看出，在现代社会中，人们对健康的认识，已经从被动的治疗疾病转变为积极的预防疾病和提升素质，从单纯的生理标准扩展到心理社会标准，从生物医学模式转变为生物—心理—社会医学模式，从个体诊断延伸到群体乃至整个社会的健康评价。

2. 健康的特性[①]

从哲学层面审视健康，健康意味着个体的一种不断生成的未完全确定的开放状态，而不是一种封闭的状态；健康意味着个体

① 教育部基础教育司. 幼儿园教育指导纲要（试行）解读. 南京：江苏教育出版社，2010：108~110.

的自我规定、自我发展的自由、自觉和自为的存在，而不是消极被动的存在。人类除了追求有限的自然生命的健康，还要追求无限的精神生命的健康，而正是后者才使得人类的生命与健康具有永恒性。健康具有以下特点。

（1）健康的整体性。

“健康”一词的本意即体格与精神的健全和完整，它包含了健康的生理、心理及其他层面。20 世纪 60 年代，美国的研究人员在进行学校健康教育研究时，认为“健康”必须强调其“完整性”，每一个人都应该能充分发挥他的潜能，达到身心、社会都和谐幸福的境界。一些心理学家和医学专家不满足于健康的生物学意义，在 1988 年国际心理卫生协会年会上，明确赋予健康以社会学意义，他们认为健康的定义必须包括“道德品质的提高”。这样“健康”还指个人能服从社会的规范，并适当地参与社会活动。由此可见，人是自我组织着的开放系统，健康是心与身之间，人与人、人与环境之间整体关系和谐的结果。

（2）健康的动态性。

人的健康是一个动态的过程，它所呈现的是机体的平衡状态。美国健康教育学家科纳千叶（Cornacchia）、奥尔森（Olsen）及尼克森（Nickerson）认为，健康是多元的，无法简单定义。健康乃有机体从健康良好至健康不良或从完好至疾病连续谱上所呈现的状态，其间有许多变化。日本学者根岸龙雄、内藤雅子关于健康之“量的假说”也赞同了科纳千叶等专家的观点，他们认为将人类像黑白棋子一样分明地划分为“完全健康”或“完全疾病”是不可能的，疾病与健康的概念应是连续量的变化。现代医学为此拓展了健康的概念，提出了“亚健康状态”（又称为“第三状态”或“灰色状态”），是介于健康与非健康之间的中间状态，即机体虽无明显或明确的疾病，却呈现出活力降低、代谢缓慢、生理功能低下的状态。

健康之动态性的揭示具有积极的意义，首先，它否定了令人高不可攀的“绝对健康”；其次，它说明了没有疾病并不意味着健康，健康与疾病之间存在着多种可以相互转化的状态；再次，它强调了健康是生生不息的创造过程，健康的生命并非完全由自然给予，而需要个体的积极参与，健康状况因个体自身活动而不断发生变化。理解健康之动态性，有益于人们不断向高层次的健康目标迈进。

（3）健康的客观性。

个体身心是否健康，可以运用一定的客观指标加以衡量。身体健康与否可以通过形态指标、生理机能指标、生化指标等进行测定。目前，随着对心理健康问题研究的深入，对个体心理是否健康的把握也越来越趋向客观，例如衡量个体心理健康的主要标志——认知是否正常、情绪反应是否适度、人际关系是否融洽、性格特征是否良好等，就可以通过越来越客观的测试加以评定。

（4）健康的主观性。

个体是否健康，一方面可以通过客观指标判断，另一方面个体的主观感觉亦是反映健康与否的重要标志。米尔顿·特里斯（Milton Terris，1975）认为健康有两项主要标准，除了客观标准外，还有主观标准。主观的标准是指个人健全的感觉，客观的标准是指个人有行使身体功能的能力。与其他观点相比，这种观点特别强调健康的自我知觉，突出了健康的心理层面。

（5）健康的调适性。

健康意味着有机体能够有效地适应内外环境，有效对付各种身体威胁的挑战。根据生物学家及病理学家勒内·杜博斯（Rene Dubos）的观点，真正的健康“不仅指个体在当时能适应良好，同时也应具备抵抗未来威胁的能力。如体内已有某些传染病抗体的儿童比无抗体保护的儿童更健康”。因此，健康还意味着对疾病的有效抵抗与对生活环境的良好适应。

（二）树立正确的健康观念

《纲要》中明确要求：“树立正确的健康观念。”但在现实的幼儿健康教育中，偏重幼儿身体保健教育，缺少幼儿心理卫生教育方面的内容，这种倾向不利于幼儿身心的全面发展。根据美国心理学家埃里克森的理论，儿童出生后，第四年到第六年是儿童形成健康的独立意识的关键时期，在这一时期，如果成人能积极鼓励儿童的独创性和想象力，就有助于培养其正视和追求有价值的目的的勇气；反之，儿童就会出现缺乏自信心、暴力倾向、自恋等心理畸形。

我们认为，正确的幼儿健康观念应该包含以下四个方面的内容。

1. 幼儿的健康是身体、心理与社会健康的有机统一

身体健康是幼儿心理健全的基础，心理适应为幼儿身心健全的关键。幼儿的健康是指身体健康、心理健康与社会健康的有机统一，特别强调具有良好的心理素质和社会适应能力，而不单纯指能吃能睡不生病。这种生理—心理—社会模式强调了这样的观点：健康或疾病是生理的、心理的和社会的因素不断相互作用的结果。无论我们谈论的是幼儿的身体问题还是心理问题，都只是一个相对的概念，许多身体表现带有心理因素，许多心理反应与身体状态密不可分。只有幼儿的生理和心理都能得到重视，相互促进，形成良好的互动效果，最终才能培养出身心健康的孩子。

2. 幼儿健康是持续的正常发展①

幼儿健康意味着幼儿持续的正常发展。这一观点揭示了个体生理机能必然经历“幼稚—成熟—完善—消退”的不断变化的过程。幼儿期身体组织大小、功能、效能绝大多数处于增强阶段，但由于幼儿的遗传素质、环境条件的不同，因而无论身体的形态还是机体的功能都存在着个体差异，即使在同性别、同年龄的群体中，每个幼儿的发育速度、体型特点、达到成熟的时间等方面也各不相同；因此，只要幼儿生长发育经历的过程符合人类个体

① 顾荣芳．学前儿童健康教育论．南京：江苏教育出版社，2006：63、64.

的成熟规律，只要幼儿个体的发展幅度并未远离群体儿童，本着幼儿健康是持续的正常发展之观点都可以视为健康。

幼儿健康是持续的正常发展还预示着早期健康教育必须从0岁开始。因为遗传以及胎内环境对幼儿的生长发育有着重要的有时甚至是不可逆转的影响。幼儿健康是持续的正常发展符合终身健康教育观念，健康不仅能伴随人的儿童时期而且能伴随人的一生。

3. 幼儿健康是平等的普遍发展①

幼儿健康意味着每个幼儿的平等的普遍发展。健康是基本人权，健康与人类尊严息息相关，每一个幼小生命更应得到尊重和博爱。强调幼儿健康的平等，不仅是为当前某个体或某群体争取健康权力，而且也是为了更多的个体和群体甚至国家和民族的利益。正是从这一意义出发，可以说，幼儿的身心健康既是个人（包括幼儿及其抚养人）的义务，也是全社会的责任，后者的责任更加重大。总之，拥有生命健康是每一个幼儿的权利，维护幼儿的生命健康是法律赋予我们每一位成人的义务和责任，我们应更多地关心、促进儿童的健康，让健康成为每一位幼儿的权利。

4. 幼儿健康是一个促进幼儿主动发展的过程②

幼儿的健康既需要外部的“健康促进”，又是一个主动的发展过程。所谓健康促进，按照美国疾病管制中心的观点，指的是结合健康教育与相关的组织、政治、经济介入，促使行为、环境改变，以增进或保护健康的过程。幼儿身心发展的稚嫩性使他们比成人更需要得到及时的帮助，更需要健康的生长环境，这就决定了健康促进的必要。健康促进并不意味着被促进者只是被动地接受保护、接受照顾，也需要幼儿力所能及地主动参与。勒内·杜博斯（L. Dubos，1966）在其“人类的适应”中提出，

---

① 顾荣芳. 学前儿童健康教育论. 南京：江苏教育出版社，2006：65~67.

② 教育部基础教育司. 幼儿园教育指导纲要（试行）解读. 南京：江苏教育出版社，2010：111、112.

疾病、衰老都可以预防或治疗的理想是人类对健康的幻想，健康是发挥功能的一种动态能力。换句话说，健康具有自我促进功能，一个健康的儿童应该是一个关心并积极参与到有利于自己健康活动中去的儿童。因此，《纲要》要求教师“既要高度重视和满足幼儿受保护、受照顾的需要，又要尊重和满足他们不断增长的独立需要，避免过度保护和包办代替，鼓励并指导幼儿自理、自立的尝试”。

尽管幼儿被期待着尽快建立各种健康行为，但并非被强加众多的行为规范，而是主动积极地发挥健康潜能，为此，健康知识的传播着眼于幼儿的内化程度，健康态度的培养着眼于幼儿的情感体验，健康行为的形成着眼于幼儿的自觉主动，任何时候的健康教育都不能违背幼儿的意愿，都要调动幼儿参与的积极性和遵循幼儿的身心发展规律，否则幼儿健康只能成为幻想。

（三）幼儿健康的衡量标准

学前儿童健康是一个动态的过程，只有及时了解、准确评价学前儿童的健康状况，才能更积极地改进和完善健康教育工作。学前儿童的健康由生理健康、心理健康与社会性健康三部分组成，学前儿童健康的衡量标准也需要从三个方面进行综合探讨。

1. 生理健康[①]

幼儿的生理健康是指幼儿各个器官、组织的生长发育正常，没有生理缺陷，能有效抵抗各种急、慢性疾病，体质不断增强。幼儿生长发育最常用的评价指标是形态指标，即身体及其各部分在形态上可测出的各种量度，如长、宽、围度及重量等。形态指标有体重、身长（身高）、头围、胸围、臂围、坐高、皮下脂肪、上下部量及指距等项目，其中，身长（身高）、体重及头围这三项指标不仅测试方便，而且能为准确评价幼儿生长发育的水平提

① 教育部基础教育司. 幼儿园教育指导纲要（试行）解读. 南京：江苏教育出版社，2010：112.

供重要信息。幼儿生长发育评价标准参照国际通用的由世界卫生组织推荐的0~6岁幼儿体格发育标准。

体格生长偏离是幼儿生理的异常发育，主要包括低体重、消瘦、肥胖和身材矮小。其中，低体重是指幼儿的体重比相应年龄组人群按年龄的体重均值数低两个标准差以下；消瘦是指幼儿的体重比相应年龄组人群按身高的体重均值数低两个标准差以下；肥胖是指体重超过按身高计算的标准体重20％以上，超过20％~30％为轻度肥胖，超过30％~50％为重度肥胖；身材矮小（又称侏儒）是指幼儿身高比相应年龄组人群按年龄的身高均值数低两个标准差以下。导致幼儿体格生长偏离的原因是复杂的，包括遗传因素、营养因素、疾病因素、体质因素、心理因素等。

2. 心理健康①

幼儿的心理健康是指心理发展达到相应年龄组幼儿的正常水平，情绪积极、性格开朗、无心理障碍，对环境有较快的适应能力。我国的儿科医学专家、幼儿心理和教育专家主要从动作、认知、情绪、意志、行为及人际关系等方面衡量幼儿的心理健康，认为幼儿心理健康的标志是：

- 动作发展正常。动作发展与脑的形态及功能的发育密切相关，幼儿躯体大动作和手指精细动作的发展水平处于正常范围是心理健康的基本条件。
- 认知发展正常。一定的认知能力是幼儿生活与学习的重要条件。幼儿期是认知发展极为迅速的时期，应避免因各种原因造成的脑损伤或不适宜的环境刺激，防止导致幼儿不健康的心理。
- 情绪积极向上。积极的情绪状态反映了中枢神经系统功能的协调性，亦表明个体的身心处于良好的平衡状态。幼儿的情

① 教育部基础教育司. 幼儿园教育指导纲要（试行）解读. 南京：江苏教育出版社，2010：112、113.

绪具有很大的冲动性和易变性，但随着年龄的增长，情绪的自我调节有所增强，稳定性逐渐提高，并开始学习合理地疏泄消极的情绪。

• 人际关系融洽。幼儿之间的交往是维持心理健康的重要条件，也是获得心理健康的必要途径。心理不健康的幼儿，其人际关系往往是失调的，或自己远离同伴，或成为群体中不受欢迎者。心理健康的幼儿乐于与人交往，能与同伴合作，游戏中能够谦让。

• 性格特征良好。性格是个性中最核心、最本质的表现，它反映在对客观现实的稳定态度和习惯化的行为方式中。心理健康的幼儿，一般具有热情、勇敢、自信、主动、合作等性格特征，而心理不健康的幼儿常常具有冷漠、胆怯、自卑、被动、孤僻等性格特征。

• 没有严重的心理卫生问题。幼儿不健康的心理往往以各种行为方式表现出来，诸如吮吸手指、遗尿、口吃、多动等。心理健康的幼儿应没有严重的或复杂的心理卫生问题。

3. 社会性健康

幼儿的社会性是指幼儿在生物特性的基础上，在与环境相互作用的过程中，掌握社会规范，形成社会技能，学习社会角色，获得社会性需要、态度、价值，发展社会性行为，并以独特的个性与人相互交往、相互影响，适应周围社会环境，由自然人发展为社会人的社会化过程中所形成的心理特性。良好的社会适应性是幼儿智力发展的基础，是幼儿终身发展的需要。对于幼儿来说，良好的社会性发展表现为：

• 社会适应能力较强，能较快地融入集体生活。

• 人际关系良好，乐于与人交往合作，具有较好的人际交往能力。

• 自我意识发展良好，具有一定的自我调控能力，能主动地应对各种压力，调节自身与环境的平衡。

我国幼儿的心理健康问题

由于当前经济条件、自然环境、社会文化、生活方式等众多因素影响，幼儿健康出现了新的不良现象。有资料指出，目前在我国幼儿中主要有以下六方面的心理健康问题：①小儿多动症。②社会行为问题。包括爱发脾气、好打架、争吵、说谎、嫉妒、恃强欺弱、恶作剧、不能和别的儿童友好相处、有破坏行为、偷窃等。③性格和情绪问题。包括任性、自闭、固执、娇气、胆怯、退缩、易哭泣、懒惰、自卑、过分敏感、过度幻想等。④神经功能障碍。⑤不良习惯。包括吸吮手指、玩弄生殖器官等。⑥学习上的问题。包括注意力不集中，反应迟钝等。

三、幼儿园健康教育活动的价值取向

（一）幼儿园健康教育的指导思想[①]

要取得幼儿健康教育的预期成效，必须要有明确的指导思想，即：一个健康的幼儿，既是一个身体健全的幼儿，也是一个“愉快”、“主动”、“大胆”、“自信”、“乐于交往”、“不怕困难”的幼儿。指导健康教育的第一条件就是要尊重主体、认识主体、热爱主体。只有充分地尊重幼儿，使其发挥应有的主动性，幼儿才有主动、积极、创造性的活动。幼儿健康教育既然将促进幼儿的健康作为最直接的目的，其教育过程就不应使幼儿感到压抑或受到伤害。譬如，成人迫切希望幼儿改变不良的进餐习惯，就餐时斥责幼儿，孩子边嚼边流泪，殊不知消极的状态是食物在人体

① 教育部基础教育司. 幼儿园教育指导纲要（试行）解读. 南京：江苏教育出版社，2010：114.

内消化的障碍；又如，成人以威吓的方式提醒幼儿不要接近危险场所，使幼儿产生恐惧心理。

幼儿健康教育本应使幼儿获得最大的幸福，因为就对幼儿身心发展特点的把握与顺应来说，幼儿健康教育比起其他任何教育都更有潜力。幼儿健康教育工作者应充分发挥幼儿自身的主动性和积极性，努力将幼儿的兴趣与必要的规则相组合，使幼儿尽早建立起各种健康行为。

（二）幼儿园健康教育的目标取向[①]

幼儿园健康教育目标是幼儿的身心发展达到预期的健康水平的教育结果，是幼儿园健康活动的出发点和归宿，它对幼儿的身心保健起规范作用，是科学开展幼儿健康教育活动的关键，是确定幼儿年龄阶段目标和具体活动目标的依据。促进幼儿身心健康发展既是幼儿教育的根本目的，也是幼儿健康教育的终极目标。《纲要》根据《幼儿园工作规程》精神提出四条幼儿园健康领域总目标，即：

- 身体健康，在集体生活中情绪安定、愉快；
- 生活、卫生习惯良好，有基本的生活自理能力；
- 知道必要的安全保障常识，学习保护自己；
- 喜欢参加体育活动，动作协调、灵活。

上述目标表明了这样的价值取向：

（1）身心和谐。幼儿健康应包括身体健康和心理健康两个主要方面，幼儿的身体健康以发育健全、具备基本的生活自理能力为主要特征；幼儿的心理健康以情绪愉快、适应集体生活为主要特征。由于幼儿的身体健康与幼儿的心理健康是密不可分的两个方面，因此有的目标如“生活、卫生习惯良好”既包含日常生活的盥洗、排泄等生理意义的卫生习惯，也包含没有吮吸手指等心

---

① 教育部基础教育司．幼儿园教育指导纲要（试行）解读．南京：江苏教育出版社，2010：113、114.

理意义的问题行为，只有身心和谐发展才能既真正保证身体的健康又保证心理的健康。

(2) 保护与锻炼并重。目标既重视掌握必要的保健知识，提高保护自身的能力，又强调通过体育活动提高身体素质。其中，了解必要的安全保健知识并提高相应技能是保健教育的主要目标，培养对体育活动的兴趣、增强动作的协调性和灵活性是体育锻炼的主要目标。

(3) 注重健康行为的形成。对于健康心理学家以及健康教育工作者而言，最大的挑战莫过于如何鼓励、说服甚至迫使人们养成对健康有益的行为习惯。因此，虽然提高幼儿的健康认识、改善幼儿的健康态度、培养幼儿的健康行为都是健康教育的目标，但幼儿健康行为的养成被视为幼儿健康的核心目标，探讨幼儿健康行为建立、改变和巩固的一般规律是幼儿健康教育研究的重点。

(三) 幼儿园健康教育的具体要求

健康领域的教育活动要充分尊重幼儿生长发育的规律，严禁以任何名义进行有损幼儿健康的比赛、表演或训练等。要根据幼儿的特点组织生动有趣、形式多样的体育活动，吸引幼儿主动参与。幼儿健康教育的具体要求有：①

• 建立良好的师生、同伴关系，让幼儿在集体生活中感到温暖，心情愉快，形成安全感、信赖感。

• 与家长配合，根据幼儿的需要建立科学的生活常规。培养幼儿良好的饮食、睡眠、盥洗、排泄等生活习惯和生活自理能力。

• 教育幼儿爱清洁、讲卫生，注意保持个人和生活场所的整洁和卫生。

• 密切结合幼儿的生活进行安全、营养和保健教育，提高幼儿的自我保护意识和能力。

---

① 幼儿园教育指导纲要（试行）. 第二部分 健康教育领域教育要求.

●开展丰富多彩的户外游戏和体育活动，培养幼儿参加体育活动的兴趣和习惯，增强体质，提高对环境的适应能力。

●用幼儿感兴趣的方式发展基本动作，提高动作的协调性、灵活性。

●在体育活动中，培养幼儿坚强、勇敢、不怕困难的意志品质和主动、乐观、合作的态度。

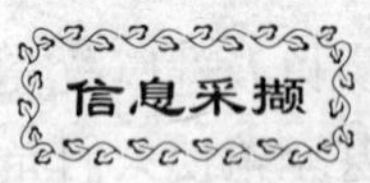

幼儿健康教育活动的分段要求

1. 小班

(1) 了解盥洗的顺序，初步掌握洗手、刷牙的基本方法；学习穿脱衣服；会使用手帕或纸巾；坐、站、行、睡的姿势正确；能及时排便；有良好的作息习惯。

(2) 进餐时保持愉快的情绪，愿意独立进餐；认识最常见的食物，爱吃各种食物，主动饮水。

(3) 了解身体的外形结构，认识并学习保护五官；能积极配合疾病预防与治疗。

(4) 知道过马路、乘坐交通工具、玩大型运动器械时要注意安全，了解日常生活中的安全常识。

(5) 知道自己的性别。

2. 中班

(1) 初步学会穿脱衣服、整理衣服；学习整理活动用具，能保持玩具清洁；有初步的生活自理能力。

(2) 结合品尝经验，进一步认识各类常见食物，爱吃各种类食物的同时，懂得要科学合理地进食，逐步形成良好的饮食习惯。

(3) 进一步认识身体的主要器官，逐步形成接受疾病预防与治疗的积极态度和行为；在成人帮助下学习处理常见外伤最简单的方法，知道快乐有益于健康。

(4) 认识一些安全标志，能够在成人提醒下遵守交通规则；不接触危险物品；遇到危险时能告诉成人，有初步的自我保护意识。

(5) 愿与父母分床而眠。

3. 大班

(1) 保持个人卫生，关心周围环境的卫生；进一步提高独立生活能力，初步形成良好的学习习惯。

(2) 初步理解不同的食物有不同的营养，身体需要各种营养；会使用筷子；进一步养成独立进餐的习惯。

(3) 进一步认识身体的主要器官及重要功能，并懂得简单的保护方法；了解有关预防龋齿及换牙的知识；注意用眼卫生。

(4) 了解应付意外事故（如火灾、雷击、地震、台风等）的常识，具有基本的求生技能。

(5) 知道男、女厕所，初步理解性别角色期待。

实施幼儿健康教育活动应特别注意的问题：①

1. 健康教育是生活教育

幼儿健康教育是生活教育，需要在日常生活中加以渗透。

陈鹤琴先生认为："儿童离不开生活，生活离不开健康教育；儿童的生活是丰富多彩的，健康教育也应把握时机。"幼儿健康教育的出发点与归宿是培养幼儿的健康行为即养成健康的生活方式，幼儿健康教育的根本目的是提高幼儿期的生活乃至生命的质量，幼儿健康教育的内容涉及幼儿生活的全部范畴，因此，幼儿健康教育是生活教育，应当在盥洗、进餐、清洁、睡眠、锻炼、游戏等日常生活的每个环节都渗透健康教育理念，实施健康教育

① 顾荣芳. 试论幼儿健康教育的渗透与融合——兼议《纲要》幼儿健康教育思想的贯彻. 学前教育研究，2002 (01).

策略；要积极探寻日常生活中幼儿健康教育的特点和规律。

2. 提供良好的活动环境

幼儿总是生活在特定的环境中，环境是幼儿能否健康生活不可忽视的影响因素。有时人们可以直接控制环境因素，比如，家长为幼儿选择环境理想的幼儿园；而有时人们很难控制环境因素，比如，空气污染的加剧、食品添加剂的使用。《纲要》指出："幼儿园应为幼儿提供健康、丰富的生活和活动环境，满足他们多方面发展的需要，使他们在快乐的童年生活中获得有益于身心发展的经验。"为此，幼儿园应当重视创设健康的物质生活环境，譬如，园内设置警示标志、大型活动器械定期检修并有保护设施、玩具架上的归类标志、自来水龙头旁的洗手图示、自制的幼儿食物、就餐时的轻音乐等，并利用人类工效学的研究成果，让物体与空间更有益于幼儿的健康。

《纲要》同时指出："教师的态度和管理方式应有助于形成安全、温馨的心理环境；言行举止应成为幼儿学习的良好榜样。"教师应"以关怀、接纳、尊重的态度与幼儿交往"。为此，幼儿园还应当积极构建健康的心理生活环境，重点关注理解和谐的班级氛围、平等的师幼关系和互帮互助的家园关系的创设，使幼儿情绪安定、心情愉快，要充分认识到心理环境对幼儿的影响有时比物质环境的影响更为深刻，要根据幼儿的情绪和行为表现反思、调整和改进心理环境。另外，不应忽视家庭环境、社会环境中一些习以为常的做法和现象对幼儿的不利影响。譬如，家长以非健康食品（如巧克力）作为奖励以提高幼儿的就餐速度或进餐数量从而助长幼儿不良的饮食行为，家长自身挑食偏食以及电视里的"垃圾食品"广告使幼儿耳濡目染，这些有害的环境因素若不被重视或未能有效控制都将大大减低幼儿健康教育的成效。

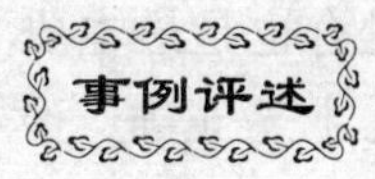

在幼儿日常生活中渗透健康教育

一位幼儿园教师在幼儿园的日常生活中适时地对幼儿进行良好的卫生习惯、生活习惯、行为习惯、文明礼貌的教育。譬如，班上有几个孩子总是爱从家里带玩具到幼儿园，在课间玩玩具时，为争夺玩具孩子之间总是要发生争吵，这时教师就根据情况适时进行团结礼貌的教育，给孩子们讲《团结树》的故事，告诉幼儿只有大家团结到一起才能做好一件事，玩玩具也是一样，大家在一起玩多开心呀，并教育幼儿不要把家里的玩具带到幼儿园来。对幼儿进行主动认错的教育，互相谦让的教育，讲文明的教育；当教师发现玩具散乱时，教育孩子要有良好的收拾物品的生活习惯，玩完玩具，教育孩子养成及时洗手的卫生习惯；在睡眠、进餐时，根据孩子的具体表现，教育孩子睡觉时不影响别人、睡姿要正确，进餐时不讲话、不剩饭菜，饭后漱口、便后洗手的良好生活习惯；针对家长反映的孩子买零食的情况，教育孩子不乱花钱，吃零食对身体不好；当发现幼儿园的小朋友有拔小草或揪小花的行为时，教育孩子要爱护花草树木、保护环境、热爱大自然。

从上述案例可以看出，幼儿教师对幼儿的健康教育，渗透在幼儿的一日生活中，有利于幼儿健康行为习惯的尽快形成。

3. 教育内容的相互融合和渗透

幼儿健康教育是幼儿教育最为重要的组成部分，需要各领域教育的融合。

幼儿健康的价值和幼儿成长的特点决定了幼儿园在进行任何领域的教育时都必须将维护和促进幼儿的健康放在首位，故健康领域与其他领域的融合是最必要的。如果幼儿教师真正持有健康第一的教育观念，那么健康领域与其他领域的融合也是最本质的。譬如，在画画、看图书时提醒孩子坐姿端正、握笔正确、手眼保持一定距离等。由于“幼儿园的教育是为所有在园幼儿的健康成长服务的”，各领域的目标实质上是协调统一的，差异仅仅是侧重点的不同，因此健康领域与其他领域的融合又是最可行的。

一方面，各领域教育可以帮助实现幼儿健康教育的某些目标，譬如，通过语言活动，发展幼儿的人际交往能力，使其“讲话礼貌”、“注意倾听”、“大胆清楚地表达”；通过社会学习活动，培养融洽的人际关系，使其“乐意与人交往”、“有同情心”、“增强其自尊心和自信心”；通过艺术活动，抒发（发泄）内心的情感，促进健全人格的形成；通过科学活动，满足幼儿的好奇心，培养初步的环保意识；通过数学活动，了解身体形态的变化，等等。

另一方面，幼儿健康知识的学习过程、健康态度的转变过程以及健康行为的形成过程都离不开各领域特有的教育形式的密切配合。如，以朗朗上口的儿歌、形象有趣的谜语、声情并茂的故事、栩栩如生的画面、引人入胜的探究等，唤起幼儿对自己身体的了解欲望、对健康食品的兴趣、对健康行为的向往。

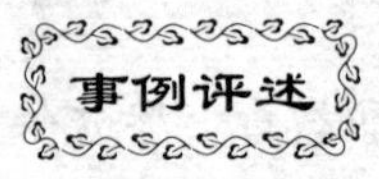

身体的奥秘（中班）[①]

学情分析：

教师要善于观察幼儿日常生活中的各种习惯，针对不良习惯

① 教育部教育管理信息中心．全国优秀幼儿健康教育活动课外评析．重庆：西南师范大学出版社，2011：136～139.

采取有效的对策进行引导。挑食、偏食、排便不规律是幼儿常见的不良习惯，平时言语的提醒不能让幼儿根本地改掉这些不良习惯，如果直接向幼儿讲述身体中各器官的作用又太深奥，不易理解。故教师设计了本活动，用生活中常见的材料模仿人体器官的工作状态，生动、形象地让幼儿了解身体的奥秘，树立健康生活习惯的观念。

活动目标：

（1）让幼儿初步了解身体内的不同器官及其作用。

（2）培养幼儿正确的生活习惯。

（3）培养幼儿的探索欲。

活动准备：

材料准备：大张白纸（大于幼儿身体轮廓）、心形气球、红色水、输液管、塑料袋、食物（馒头、饼干、粥等）、矿泉水瓶、海绵、各种颜色的颜料、音乐《身体歌》。

1. 听音乐，激发幼儿对活动的兴趣

教师播放音乐《身体歌》，引导幼儿边唱边摸相关位置，如唱到头发、眼睛、膝盖、脚的时候就摸相应的位置。

指导语：小朋友，刚才歌曲中都唱到了身体的哪些地方呢？我们一起来指一指吧！

分析：此环节为导入部分，《身体歌》有节奏的韵律能很快集中幼儿的注意力，为开展下面的活动做好准备。在活跃气氛的同时，能够让幼儿巩固身体各部位名称，从而引出活动的主题——身体的奥秘。

2. 让幼儿简单了解主要身体器官

（1）画出身体轮廓：把一张白色纸贴在墙上，纸的一边沿着墙的底部，请一位幼儿把身体靠在墙上，教师拿画笔把幼儿的身体轮廓画下来。

分析：此环节充满趣味性，教师沿幼儿的身体画出轮廓的同时，请幼儿讲出所画区域的身体名称，使幼儿复习已有知识的同时，对接下来的活动充满好奇和幻想。

(2) 通过各种有趣的材料，模拟身体器官的工作状态。教师在演示器官工作时，可让配班教师协助用照相机拍下相关过程。

教师把做好的小脸蛋贴在身体轮廓的头部，带领幼儿说《我的小脸蛋》的儿歌，边说边指出五官对应的位置。

指导语：你们还记得那个《我的小脸蛋》的儿歌吗？我们一起来说一说。

关于心脏的工作的演示：教师带领幼儿摸心脏的位置，感受心脏的跳动。在一个鼓起的心形气球中装入红色水（可用透明水稀释），气球的系口处插入一条输液管，让幼儿知道心脏向各个血管输送血液。

指导语：心脏就像一个发动机一样，控制着我们的全身，它开始工作了，它的任务是向身体各条血管输送血液。小朋友们猜一猜，心脏会休息吗？为什么？

关于胃的工作的演示：教师在一个塑料袋中装入馒头、饼干、粥等食物，系口后开始揉搓食物，让幼儿感受胃的消化作用。

指导语：胃的任务是把吃进肚子里的东西消化掉。吃得太多就加重了它的工作量，它可要生气的哦！另外，如果只吃肉，不吃蔬菜的话，胃的工作量可就太重了！

关于肠的工作的演示：把矿泉水空瓶竖着截去一半，放倒后垫一层薄薄的海绵进去，再把刚才胃里揉搓过的食物放进去。让幼儿观察肠的吸收，让幼儿知道如果几天不大便会让大便变得干燥，影响健康。

指导语：慢慢地，食物里的水和营养被肠吸收干了，这样的话，如果几天不大便会怎样啊？

分析：教师用各种材料形象地把人体内部器官的工作状态表现了出来。幼儿清楚地了解了各器官的名称和工作性质，也了解到不良的生活习惯给器官带来的压力与破坏，从而引导幼儿养成良好的生活习惯。

3. 小朋友们一起行动，把墙上的身体轮廓图填充完整

教师引导幼儿都用小手蘸上颜料（各种颜色）按在空白的身体轮廓处。

分析：通过幼儿之间的相互协作，使这幅身体轮廓图变为一幅有欣赏价值的艺术作品，挂在某展示区域，不仅可以用来装饰教室，还可以时刻提醒幼儿身体器官正在工作，不要给器官增添负担。

教师自评

这种活动形式是非常新颖的，在符合幼儿年龄特点的方式下引导幼儿了解生活中较为深奥的知识。活动富有趣味，非常容易调动幼儿的积极性，幼儿能够热情参与。活动设计比较科学化，选用的材料非常符合人体中实际的器官运动模式，大多数幼儿都能很好地了解内脏器官。同时还能深入地让幼儿树立正确的生活习惯的意识，活动目标实现很好。

专家评析

中班的孩子已经有了较为清晰的自我意识，同时，也开始对自己的身体发生探究兴趣。这位教师将塑料袋中装入馒头表示"胃"，将海绵塞入矿泉水瓶表示"肠"，想象力非常丰富！这也是本活动最大的亮点——将抽象的身体器官功能用最形象的方式进行了表达，完成了活动设定的第一个目标：认知身体。

在基础认知进行完后，教师又进一步强化了幼儿的参与性，引导幼儿都用自己的小手蘸上颜料按在空白的身体轮廓处，从而让幼儿对前面的认知产生进一步的巩固作用，并增强了活动的趣味性。

还值得一提的是，活动设计恰如其分地使用了音乐、儿歌等辅助元素，巧妙地完成各个环节的过渡。

第二章　幼儿园健康教育活动的基本内容

以健康为中心的幼儿健康教育的内容，应由身体、心理和社会适应这三方面组成，因为健康的人是健康的身体、健康的心理和健康的社会行为的统一体。通过健康教育，不仅要让幼儿初步了解自己的身体，按照卫生原理和要求去保护身体，还要培养幼儿有良好的情绪、健康的人格、统一的行为，使其行为能适应家庭、集体和社会生活。幼儿健康教育的内容主要包括生活卫生教育、安全教育、身体锻炼、心理健康教育。

一、幼儿身心健康

健康的体魄不仅是幼儿生存生活的前提，还是形成健全和谐心理的重要基础。幼儿的身体素质直接影响幼儿的认知、意志能力的发展以及幼儿对自己和周围环境的情感态度的形成。17 世纪英国伟大的哲学家和启蒙思想家约翰·洛克认为："人生幸福有一个简短而充分的描述：健全的心智寓于健全的身体。凡身体和心智都健全的人就不必再有什么奢望了；身体或心智如果有一方面不健全，那么即使得到了种种别的东西也是枉然。"①

（一）健全的身体发育

《幼儿园工作规程》中的"幼儿园保育和教育的主要目标"第一条就是："促进幼儿身体发育和技能的协调发展，培养良好

① 约翰·洛克. 教育漫话. 徐诚，等，译. 石家庄：河北人民出版社，1998：3.

的生活习惯、卫生习惯和参加体育活动的兴趣。”可见，保证幼儿身体健康是幼儿园教育的重中之重。健康的身体是幼儿全面发展的物质基础。幼儿的身体健康与否，一是看其体格发育是否良好，运动能力是否正常；二是看其抗病能力的强弱程度。

1. 关注幼儿的生长发育

生长发育是儿童机体的基本特点。生长是量的增长，指体积增大，重量增加。发育是质的改变，指细胞、组织及其功能的成熟。生长和发育是不能截然分开的，它包含着机体质和量两方面的动态变化。幼儿生长发育最常用的评价指标是形态指标。判断幼儿生长发育状况最简单、最可靠的指标是体重、身高和头围。体重是反映近期营养状况的敏感指标，短期内体重的增减很容易测量出来。身高反映长期的营养状况和骨骼生长的速度，需要间隔较长时间才能明显地测量到。头围反映脑和颅骨的发育程度，需要定期及时测量。幼儿生长发育评价标准参照国际通用的由世界卫生组织推荐的0～6岁幼儿体格发育标准。

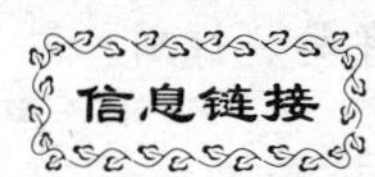

世界卫生组织3～6岁儿童身体发育参考标准

3～6岁儿童身高体重对照表（1998年最新标准）				
年龄（岁）	男宝宝体重（kg）	男宝宝身高（cm）	女宝宝体重（kg）	女宝宝身高（cm）
3	13.0～16.4	91.1～98.7	12.6～16.1	90.2～98.1
3.5	13.9～17.6	95.0～103.1	13.5～17.2	94.0～101.8
4	14.8～18.7	98.7～107.2	14.3～18.3	97.6～105.7
4.5	15.7～19.9	102.1～111.0	15.0～19.4	100.9～109.3
5	16.6～21.1	105.3～114.5	15.7～20.4	104.0～112.8
5.5	17.4～22.3	108.4～117.8	16.5～21.6	106.9～116.2
6	18.4～23.6	111.2～121.0	17.3～22.9	109.7～119.6

有的学者认为健康儿童的主要表现是[①]：

①身体发育正常，身高和体重均按时增长，无矮胖体型或豆芽体型的发展倾向。

②皮肤光滑，没有变色、疹子，过分干燥或表皮油脂过多。

③毛发整齐而有光泽。

④眼睛明亮有神，眼白清洁无疵，眼周不发黑。

⑤牙齿清洁整齐，无龋齿。

⑥不用口呼吸。

⑦手指清洁，指甲修整，不存污垢。

⑧脚趾向前，无弯曲现象，非扁平足。

⑨坐、卧、立、行都能保持良好的姿势。

⑩身体各部分功能均正常。

⑪运动后虽有正常的疲劳，但经过适当休息后，即可恢复如常。

⑫食欲良好，睡眠充足，且定时大便。

⑬在游戏和身体姿势方面，能够表现出与其年龄、性别、体型和运动经验相适应的技巧。

⑭患病率和事故率不超过同一年龄、同一性别的儿童。

体格生长偏离是幼儿生理的异常发育，主要包括低体重、消瘦、肥胖和身材矮小。其中，低体重是指幼儿的体重比相应年龄组人群按年龄的体重均值数低两个标准差以下；消瘦是指幼儿的体重比相应年龄组人群按身高的体重均值数低两个标准差以下；肥胖是指体重超过按身高计算的标准体重20％以上，超过20％～30％为轻度肥胖，超过30％～50％为重度肥胖；身材矮小（又称侏儒）是指幼儿身高比相应年龄组人群按年龄的身高均值低两个标准差以下。我国根据对九省市的儿童抽查测量结果，制定出

① 参见Bugu. 幼儿生长发育的规律以及身心健康. 浙江学前教育网，2010－08－10.

了一个标准。其计算方法为：

身高：3~6岁的孩子身高（厘米）＝年龄×5＋75

体重：3~6岁孩子的体重（千克）＝年龄×2＋8

2. 合理膳食营养，增强抵抗力

(1) 制定营养平衡的食谱。

合理的营养是幼儿健康发展的基础，而均衡的膳食是摄取合理营养的唯一途径。幼儿生长发育阶段，需要足量营养素的摄入，幼儿园可根据中国营养学会2000年推荐的“儿童每日膳食中营养素推荐摄入量表”和《妇幼营养学》的“幼儿一日参考食物量”及《食物成分表》，合理调配食物的结构，制定合理的食谱，保证膳食中热量的食物来源分布：谷类薯类占50%~70%，豆类动物类在20%或以上，优质蛋白质占蛋白质总量的50%以上，有色蔬菜占一日蔬菜供给量的50%以上。做到主副食协调搭配、酸碱平衡。主食要米面杂粮搭配，谷豆结合；副食做到蔬菜、水果、禽、肉、蛋等巧搭配，使食物互补，营养全面，花色品种多样，保证幼儿获得丰富的营养物质。

如：米粑　　　大米和豆子的搭配

蔬菜丸子　　蔬菜和肉的搭配

荠咕鸡　　　水果和肉类的搭配

(2) 根据季节特点，科学制定食谱。

春季阳光明媚，万物复苏，日照好。幼儿从室内转移到室外活动，维生素D一部分来自于食物，另一部分则通过太阳照射皮肤转化而来，有利于钙磷吸收，促进幼儿骨骼生长。这个时期，幼儿需要的钙量增多，在春季的食谱中就应增加含钙丰富的食物，如海带大骨汤、紫菜、牛奶等。而且春天宜多给孩子吃一些新鲜蔬菜，如菠菜、莴笋、甜豆、油菜等预防幼儿患口腔炎、口角炎、皮肤病等。

夏季是人体新陈代谢最活跃的时候。由于天气炎热，体内的能量消耗多，血液循环加快，必须及时补充水分。幼儿饮食应以清淡为主，品种要丰富。多让幼儿吃些清热、解毒消暑、利湿的食物，如果汁、西红柿、绿豆粥、生菜、豆芽等。

冬季，天气寒冷，幼儿一方面需要消耗较多的营养物质来产生热能，以抵御严寒；另一方面为了满足生长的需要，对食物的需求量也随之增大。因此，膳食更应有充足的热量，增加蛋白质和脂肪的摄入量。应多让幼儿吃些偏热性的食品，同时，选择红烧、红烩、闷烧等口味较香浓的烹调方法，烹制成白萝卜煲排骨、胡萝卜猪肉粥、红烧肉、卷心菜牛肉包等美味食品，让幼儿在寒冷的冬天也能品尝到各种营养美食。

（3）同类互换，膳食丰富。

一周食谱中荤素的使用尽量不重复，主食尽可能多地换花样，每周至少安排两餐杂粮饭。食物更换时，可更换品种和烹调方法。如用肉类换肉类（牛肉换猪肉，猪肉换鸡肉等）、谷类换谷类（米粉换面条）、豆腐换香干等，各种瓜果蔬菜轮换供给。这样，不但营养齐全，而且适合幼儿的生理需要，增强了孩子们进餐的兴趣，使食物中的营养能更好地被吸收、利用。

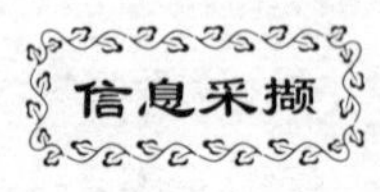

幼儿园带量平衡食谱①

星期 类别	一	二	三	四	五
早餐	牛奶、面包（牛奶130克，面包30克）	豆浆、鸡蛋（豆浆130克，鸡蛋30克）	小米粥、油馕（小米粥130克，油馕30克）	牛奶、稀饭、蛋糕（牛奶稀饭130克，蛋糕30克）	玉米粥、饼干（玉米粥130克，饼干30克）

① 转引自http://www.520wawa.com/teacher/616/info_16665.htm.

续表

星期 类别	一	二	三	四	五
午餐	猪肉拌饭(大米80克，猪肉30克，胡萝卜40克，清油15克，洋葱少许)	猪肉臊子面(面粉30克，猪肉10克，胡萝卜20克，青萝卜20克，清油10克，香菜、葱、蒜少许)	肉炒黄萝卜、米饭(米80克，黄萝卜40克，肉20克，清油5克，葱、蒜少许)	菜包子、小米稀饭(面粉30克，菜30克，猪肉10克，清油5克，小米粥100克，洋葱少许)	素拌饭(大米80克，胡萝卜60克，清油10克，洋葱少许)
午点	火腿肠	苹果	饼干	橘子	
晚餐	蜻蜓面(面粉70克，猪肉10克，青萝卜、胡萝卜各10克，小白菜10克，清油5克，香菜、葱少许)	土豆烧牛肉、烤肉饼(面粉30克，牛肉10克，土豆40克，清油10克，葱、蒜少许)	冬瓜海带汤、花卷(冬瓜80克，猪肉10克，海带40克，清油5克，香菜、葱少许)	蝴蝶面(面粉80克，猪肉10克，青萝卜、胡萝卜各10克，小白菜10克，香菜、葱少许)	骨头汤、馍馍(面粉30克，西红柿5克，猪肉5克，香菜、葱少许)

注：1. 食物摄入量为每个幼儿每餐的摄入量。

2. 食堂工作人员根据食谱中食物所需量进行加工。

3. 每位幼儿每日营养摄入量：蛋白25.1克、脂肪24克、热量849.3千卡、钙181.3毫克。

（二）健康的生活方式

联合国进行的全球千年民意测验（2000）显示，健康排在全世界男性及女性诸多希望的首位。健康是人们追求的永恒主题。但对于健康来说，7%取决于气候与地理条件，8%取决于医疗条件，10%取决于社会条件，15%取决于遗传，60%取决于个人生活方式（世界卫生组织）。

生活方式是指人们在日常生活中所遵循的行为规范，即习惯化了的生活活动形式。如果这种“习惯化了的生活活动形式”有利于增进身心健康水平和提高生命质量，这就是健康生活方式。幼儿健康生活方式是指幼儿在饮食、睡眠、卫生、锻炼、自我保护等方面有利于健康的习惯化的日常生活活动形式。

生活方式作为人们遵循的生活轨迹，具有正与负两个侧面。良好的生活方式有益于人的健康，而不良的生活方式则有损于人的健康。例如，为幼儿提供合理、平衡的膳食，是保证幼儿机体正常发育的重要条件，但如果幼儿长期挑食、偏食，则会造成体内某些营养素的过多或缺乏，从而导致生长发育迟缓或疾病的发生，影响健康。

幼儿正处于逐渐形成自己的生活方式的阶段，帮助幼儿接受和逐步形成良好的生活方式，不仅有益于幼儿的健康成长，而且还将对其一生的健康产生重要的影响。有益于幼儿健康的生活方式主要有：生活有规律，具有良好的生活习惯和卫生习惯，积极参加体育活动，懂得爱惜自己等。

有利于促进儿童健康成长的生活方式主要包括以下几个方面：

1. 个人清洁习惯

无论对于成人还是儿童，清洁习惯都应是个体最为基本的生活习惯。保持个人自身的清洁不仅是个体良好修养的体现，而且还可以预防或减少多种疾病的发生和流行。有关研究发现，儿童若不能及时清洗双手，其血铅含量明显偏高，而铅对神经系统具有毒副作用，对蛋白代谢、细胞能量平衡也有较大影响。为此，饭前、便后及活动后及时洗手的意义，已不仅仅局限于人们已经知晓的“病从口入”的常识。

使身体保持清洁的习惯乃是社会生活所必需的基本习惯，应该在幼儿时期大体养成。培养幼儿的清洁习惯是为了让幼儿具有保健观念，逐渐能自觉地对身体和疾病进行防卫。养成幼儿清洁习惯，其内容与要求应该随其年龄的增长逐渐复杂化，可以适应幼儿动作的发展逐步增加内容。至于在哪个年龄养成什么习惯，根据经验，教师和家长可以参考如下意见：

幼儿养成卫生习惯	
2岁半～3岁	洗手、漱口
4岁	擤鼻涕、洗脸、漱口
5岁～5岁半	刷牙、洗澡时自己洗手脚
6岁	洗头（短发）时会把耳朵、手指洗干净

每项习惯在培养时也不是一步到位的，尽管同样是洗手，开始时只是沾点水和肥皂将手掌手背洗净，多次后才能把指甲和指缝彻底洗净，要逐步形成习惯。此外，6岁左右的幼儿必须逐渐学会正确地解大便，便后会擦干净。汗衫、袜子脏了学会自己换。

2. 有规律的生活

人体的活动每天都是按一定的规律变化着的，从早到晚始终处于积极消耗能量的活动状态之中，而晚上到早晨则是处于贮存能量的休整状态中。但是从早到晚，整个白天的活动如何安排，应该有个节奏。这个节奏是指：活动量大小交替的节奏，活动与安静交替的节奏，补充能量与消耗能量交替的节奏。这样可以更好的使幼儿保持正常活动的功能，不致过度疲劳而影响健康。因此，幼儿园对孩子的一日活动要作科学的安排，不能采取放任态度。

家长和教师可对孩子的起床、进餐、学习、游戏、散步、睡眠等活动排成程序，按顺序进行。此外，逢节日、假日，也不可使孩子的活动安排过于混乱，也必须让孩子的起床、入睡、午睡、进餐、游玩等活动能科学有序地进行。

3. 用餐与饮水习惯

幼儿正处于生长发育旺盛时期，平衡膳食，合理的营养是保证儿童健康成长的基本物质条件。保持幼儿良好的食欲，形成与此相应的饮食卫生习惯和规则，是幼儿园教育和保育的一项重要任务，它对幼儿的健康成长具有十分重要的意义。另外对于机体而言，食物中的有些营养素虽然不提供热能，但却是机体构成的重要成分或者能够调节机体的生理功能，例如水，不仅是细胞的重要成分，而且是有益于保持体温的相对恒定，促进体内一切化学反应的生成，充当各种营养物质吸收、运输及排泄的携带体以及机体的润滑剂。为此，要培养幼儿良好的用餐习惯和饮水习惯。

- 良好的用餐习惯包括以下内容：

①用餐前洗手，用餐后用毛巾擦嘴。

②正确使用勺和筷子用餐。

③定时、定点、定量用餐。

④集中注意用餐，用餐时不看电视，不做其他事情。

⑤不挑食、不厌食、不偏食，保持用餐时良好的情绪。

- 良好的喝水习惯包括以下内容：

①平时要适当多喝水，最好喝白开水。

②喝水时不要暴饮，要慢慢地喝下去。

③睡前及饭前半小时内最好不要喝太多的水。睡前喝水多了会影响睡眠；饭前喝水多了会有饱胀感，影响食欲，冲洗胃液，影响消化。

④尽量少喝糖分太重的饮料。

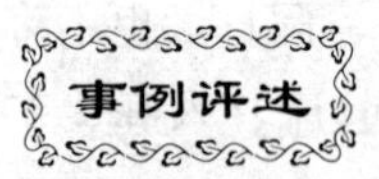

预防疾病我能做①

学情分析：

保证幼儿的生命安全和身体健康始终是幼儿园工作的重中之重。孩子们年龄小，体质较弱，对于疾病的预防，仅靠家长和老

① 教育部教育管理信息中心．全国优秀幼儿健康教育活动课外评析．重庆：西南师范大学出版社，2011：224~227．

师的看护有时显得无奈而又苍白无力，让孩子形成自护的意识与能力才更有意义。为了预防和减少幼儿疾病，控制传染病的发生，根据幼儿的年龄特点与实际，结合近期的热门话题——预防甲型 H1N1 流感、预防手足口病等，我开展了本次活动。旨在通过活动让幼儿了解有关传染病的传播途径、预防方法等知识，增强幼儿预防疾病的意识。

活动目标：

(1) 能大胆表达自己的想法，根据自己的生活经验说出预防疾病的方法。

(2) 了解有关传染病的传播途径和预防的知识。

(3) 懂得注意个人卫生和饮食卫生，增强预防疾病的意识。

活动准备：

材料准备：①有关传染病的资料及图片；②中央电视台少儿频道预防甲型 H1N1 流感的宣传广告片；③每人一叠小纸片(用于记录)、画纸、彩色笔、剪刀、胶水等。

经验准备：班级内有幼儿患感冒、水痘，看病、吃药的经历，对患病有初步的认知。

活动过程：

1. 师幼谈话

请幼儿选择舒适的方式坐好，结合经验说一说自己对生病的看法。

师：你生过病吗？生了什么病？为什么会生病？谁能把自己生病的感受告诉大家？

请几位小朋友向大家讲一讲自己患病的经历和感受，以及治疗过程等（如去医院看病、请医生诊治，要定时服药，多休息，多喝水，痊愈后才回幼儿园上课等）。

向幼儿介绍什么是传染病及哪些属于流行性传染病（如麻疹、流感、腮腺炎、水痘、手足口病等）。重点介绍流行性感冒和手足口病的临床表现。

2. 寻找容易引起疾病的不良习惯

(1) 布置任务，鼓励幼儿积极探索。

师：小朋友们能把自己的感受说出来，真棒！那么在日常生活中，都有哪些不良习惯会引发疾病？小朋友试试看，把原因找出来，再把找到的结果用你喜欢的方式记录下来。

(2) 互动交流。

引导幼儿在日常生活中寻找容易引发疾病的原因。

引导幼儿在小朋友身上寻找容易引发疾病的原因。

给幼儿充分自由的交流空间，教师在活动中进行观察记录，为遇到困难的幼儿提供引导。

分析：孩子在讨论中遇到难表征的事物，可引导孩子以绘画的方式记录下来，或是引导孩子模仿。

对孩子们寻找到的“容易引发疾病的原因”进行讨论和交流，然后汇总统计在一张大表格上。

容易引发疾病的原因	票数	预防的方法（需要提醒△，需要帮助☆）
饭前不洗手	12	△
便后不洗手	10	△
汗湿衣服不换	5	△
吃不卫生的食品	3	△
睡觉踢被子	16	△
随地吐痰	1	△
不剪指甲	2	☆
挑食	3	△
不讲卫生	5	△
天气变化	2	△
运动少	1	△
不注意休息	3	△

分析：在绘图、记录和统计中，师幼合作将总图绘制好，然后让孩子分组协商，找出代言人来发言并将结果记录下来。

3. 怎样保护好自己的身体

师幼交流讨论：生病时很难受，那么，应该怎样保护好自己的身体呢？

观看中央电视台少儿频道预防甲型 H1N1 流感的宣传广告片片断，引导幼儿了解甲型 H1N1 流感的传播途径及怎样预防流感。

幼儿畅谈后师幼共同小结（预防接种，多喝开水，多吃蔬菜水果，不挑食，保证足够的运动和休息，天气转变及时增减衣服，疾病流行期间少到公共场所，开窗通风，勤洗手，勤剪指甲，不咬手指头，保持良好的个人卫生）。

4. 制作宣传画报

师：小朋友想一想，我们可以用什么办法提醒别人要注意保护好自己的身体，不让自己生病呢？今天老师准备了一些材料（各种纸、彩色笔、剪刀等），小朋友试试把我们讨论的预防疾病的方法画出来，并用简单的文字写出图画内容，制成宣传画报。

幼儿操作，教师鼓励幼儿跟同伴合作制作宣传画报。

分析：孩子们有了初步的防病常识后，还希望为他人做些事情。启发幼儿讨论哪些因素最容易引发疾病，怎样做才能更好地保护身体，为宣传画报的制作提供了材料。

教师自评

教师在活动中能够创设宽松的心理环境，让幼儿始终保持轻松自由的心态。运用寻找、发现策略，结合幼儿的日常生活，向幼儿提出探索任务，引导幼儿发现生活中容易引发疾病的因素，然后用记录、统计的方法，内化孩子的自我防病意识。活动中孩子们积极动脑、动口、动手，能很好地表达自己的想法。在制作宣传画报时，孩子们的动手能力得到了充分发挥，能结伴合作，有些孩子还能用文字写下简单的说明。孩子们在活动中能畅谈自己的想法，发挥自己的想象力，充分体现了自由和自主。

活动后孩子们还把自己了解到的知识告诉家长和同伴，平时能自觉地注意个人卫生及饮食卫生，不需要成人再发号施令："不能这样，不许那样"，活动效果较好。

专家评析

活动的设计符合大班幼儿的年龄特点，教师在活动中为孩子创设了轻松的氛围，孩子们积极参与，乐于表达。教学策略运用得当，活动层层递进，每个环节紧密相连，从幼儿自身出发，鼓励孩子去发现，讲述自身的患病经验—记录引发疾病的原因—萌生防病意识—宣传防病知识。通过师生探讨、同伴交流，提高了幼儿的生活自理能力和自我保护意识。幼儿的生活经验变得更丰富，知道在日后的生活和学习中怎么保护自己，并提醒身边的人注意预防传染病，是很有意义的一次活动。

4. 科学锻炼身体

科学的体育锻炼可明显改善儿童骨骼和肌肉的血液供应，使其得到更多的营养物质，从而使肌纤维变粗、弹性增大，肌肉活动的能力和耐力相应提高。幼儿良好的身体锻炼习惯应该包括：喜欢锻炼，坚持锻炼；固定时间进行锻炼，运动强度适宜，运动时心情愉快；学习一些基本动作，基本体操；不在不合适的时间、不安全的地点锻炼；不参加不健康的运动，每天不少于 3 小时的户外活动。

(1) 运动量适度。

根据孩子的年龄和身体素质现状，选择合适的运动量。运动量太小，身体锻炼的效果不大；运动量过大，身体健康会受到不良影响。开始运动的时候，可以运动量小一些，慢慢把握孩子的体能特点，日后逐渐增加。

(2) 可选择有针对性的项目。

幼儿运动以身体练习为主，诸如爬、跑、跳、投、压、郊游、拍球、跳绳、骑车、游泳、体操等项目。不同项目可以产生不同的锻炼效果、增加力量→跳、投等，提高速度→跑步、骑车等，增强耐力→游泳、郊游、跳绳等，提高身体灵敏性和协调性→跳舞、荡秋千、拍球等，提高柔韧性→体操、按压等。要由少到多、由简入繁、由易到难地逐步增加锻炼项目，并兼顾孩子身体的全面锻炼，多种项目结合进行。体格锻炼必须按照科学规律进行，不适当的锻炼方式和过量的运动会适得其反，甚至使体质下降。

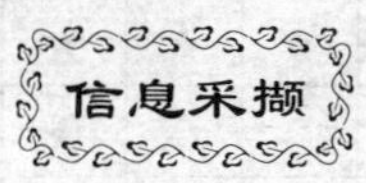

幼儿身体锻炼的主要内容[①]

第一，身体活动的知识和技能，包括走、跑、跳、投掷、平衡、钻、爬、攀登等基本动作及有关知识，体育运动的有关知识与技能，等等。

第二，身体素质的练习，包括平衡、协调、灵敏、柔韧、力量、速度等身体机能练习的有关知识和技能，等等。

第三，基本体操和队列队形的练习，包括徒手体操，轻器械体操，口令、信号与动作，列队，变化队形等。

各类练习与身体素质发展关系表

身体素质／各类练习		力量素质			耐力素质	调整素质				
		上肢	下肢	躯干		速度	平衡	柔韧	灵敏	协调
基本动作练习	走		★		★		★			★
	跑		★		★	★	★		★	★
	跳跃		★		★	△	★		★	★
	投掷	★		★		△		△		★

① 顾荣芳，薛菁华．健康．南京：南京师范大学出版社，2007：171～176.

续表

身体素质 / 各类练习		力量素质			耐力素质	调整素质				
		上肢	下肢	躯干		速度	平衡	柔韧	灵敏	协调
基本动作练习	攀登	★	★		△		△	△	★	★
	钻		★					★	★	★
	爬	★	★	★	★	△		△	★	★
基本体操练习	徒手体操		△	△		△	★	★	★	★
	轻器械操		△	△		△	★	★	★	★
器械练习（举例）	小自行车		★				★		△	★
	跳绳	△	★	△	△	△				★

备注：★表示关系密切，△表示关系较密切。

信息采撷

培养孩子养成每天锻炼身体的习惯①

坚持每天锻炼身体，不仅是在培养一个良好的习惯，也是在形成一种健康的生活方式。坚持锻炼身体，使很多人获益匪浅。

著名经济学家马寅初，一向重视体育锻炼，从十几岁开始，直到百岁高龄，从未间断。他一生坎坷，却奇迹般地突破了百岁大关。

著名作家海明威的父亲酷爱体育运动，常常带着他走村串户，穿林渡水。4 岁时，父亲给了他一支猎枪，他开始了独立活动，很快迷上了钓鱼、打猎和探险。海明威之所以能写出《老人与海》这样的作品，与其幼时的经历分不开。

……生命在于运动。每天锻炼身体，能强身，更能强心。

---

① 林格．决定孩子命运的 12 个习惯．北京：清华大学出版社，2007.

5. 定期健康检查

婴幼儿的健康检查旨在系统地观察和了解其生长发育的情况，尽早发现生长偏异，以便采取相应的措施。我国卫生部对儿童定期健康检查的时间作了规定，如出生后第一次体检一般在出生后一个月时进行，出生后第二次体检一般在出生后六个月时进行，三岁以后的儿童每年体检一次，在发现异常时，必须随时增加体检次数。

（三）积极的心理状态

儿童时期不仅是长身体、长知识的重要阶段，更是心智发育的关键时期。健康的幼儿应该是身体发育良好，动作和认知发展正常，而且是情绪愉快、主动自信、乐于交往的幼儿。作为一名幼儿教师，应该根据心理学原理，结合幼儿的心理水平和特点，维护幼儿心理健康。

1. 积极情绪的培养

不良情绪会影响身体健康

1967年，鲍威尔（Powell）、布拉塞尔（brasel）等做了一项研究，研究对象是身材异常矮小的儿童，年龄最小的3岁，最大的11岁。研究开始时，对这些孩子进行了体格检查，证明他们并没有什么病，也没有发育激素不足的症状。但是，他们的父母85%是有问题的，有的情绪不好，经常没有笑容；有的不关心孩子，甚至对孩子谩骂、虐待。研究开始后，这些研究对象被送进医院，脱离了原有的家庭环境。在医院里，没有给他们任何药物治疗，只是给予周到的照顾和关心。结果，他们的身高和体重都有明显的增加。由此可见，良好的情绪的培养，是促进幼儿身体发育的重要因素。

“幼儿的世界就是一个情绪的世界。”马克思说过：“一种美好的心情，比十副良药更能解除生理的疲惫和痛苦。”可见，情绪不仅影响人的心理健康，而且影响人的身体健康。儿童良好情绪的发展，对其以后身心的健康成长具有极大的影响。因此，重视、加强幼儿良好情绪的培养尤为重要。

（1）重视教师和幼儿的情感交流。

幼儿离家后，把对父母的依恋和期望转移到教师身上，教师应以爱心与幼儿建立良好的关系，让幼儿在与教师的情感交流中体验到安全感与信任感。如果教师对幼儿不公正，忽视和疏远，粗暴和讥讽，都会给幼儿的心理健康造成伤害。

教师要善于保持稳定的情绪，把个人不良的情绪排除在与幼儿接触的过程之外，并以自己的积极情绪做出示范来感染幼儿。例如，热情地面带笑容，认真解答幼儿提出的问题；对幼儿的活动表示关注和感兴趣；尊重幼儿对于游戏和活动的选择。孩子情绪低落时，教师通过拥抱、抚摸肩背、拉手、拍手等方式抚慰幼儿，倾听幼儿的诉说和对行为的辩解。

教师要理解幼儿哭闹争吵、违反规则的行为是正常现象，从而使自己获得平静的心境和明智的教育态度，宽容地允许幼儿在克服不足和缺点时，有思考和情绪准备的时间，避免幼儿产生对抗情绪。教师要尊重个体差异，因材施教，如以邀请的方式吸引性格内向的幼儿参加集体活动，提供机会让胆小的幼儿说话、表演和做示范，安排情绪易激动的幼儿进行安静活动和作业等，使每个幼儿在活动中都能感受到教师温暖关怀之情，保持快乐的情绪。

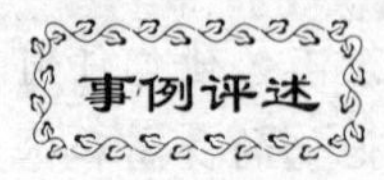

在活动时，孩子们都在有秩序地进行自己的活动，而小亮却在取教具时不小心把教具弄倒了，这时教师却说：“你怎么回事？

光会调皮捣蛋，快点收拾好！”小亮呆呆地望着老师，等老师视线转移时，他悄悄地走到活动室一角的桌边……而在另一个班里，孩子们都在喝水，可是王小乐却捧着水杯在教室里乱闯，一下子就把要去送水杯的琪琪撞倒了，琪琪忍不住大哭起来。老师忙跑过来，对琪琪说：“没关系，他不小心撞到你了。”接着老师转向王小乐问：“怎么办呢？”王小乐连忙说：“对不起，我不是故意的。”琪琪擦擦眼泪就不哭了。老师帮琪琪擦干净脸，整理好衣服后，说：“真漂亮。”琪琪笑了。

这两个幼儿在遇到意外情况以后的心境是完全不同的：一个受到责备，惊慌失措；一个得到安慰，破涕为笑。可想而知，这两个幼儿接下去的情景：一个处于惊恐状态之中，而另一个则能以一种愉快的情绪投入新的活动。两位教师不同的教育方式产生了正反两种截然不同的效果，可见幼儿园教师的教育行为对幼儿的心理健康所起的作用是相当关键的。

(2) 培养幼儿对自己和他人的积极情感。

积极情绪的形成，主要在于相关心理体验的积累。教师要组织能引起幼儿积极情绪体验的活动，如游戏、节日和娱乐活动，寓教于乐的学习活动，使幼儿容易得到快乐和温暖的情绪体验，使情绪变得开朗起来。如果某些学习活动或生活活动比较沉闷，还可以通过交换内容和空间来调整幼儿的情绪，可让幼儿始终在自由宽松的情境中享受学习的快乐。

事例评述

身体的动作和舞蹈也是幼儿喜爱的表达情绪的形式和手段，让幼儿随进行曲走步，随舞曲跳舞，随乐曲唱歌，享受音乐并激发快乐的情绪体验。

一位幼教专家赴中国台湾地区考察，参观了当地 11 所幼儿园，印象最深的是三个活动。第一个活动是“表情牌”。幼儿园准备了三种不同脸部表情的进园牌，称“表情牌”，分别放在三个小桶里，幼儿每天进园要在自己的名字下挂一块进园牌。幼儿今天如果很高兴，就选一个快乐的表情牌挂在自己的名字下；如果不高兴，就选一个沮丧的表情牌；心情一般，就挂一个表情一般的牌子。幼儿心地纯真，他们不会掩饰自己的内心世界，教师如果发现哪个幼儿连续几天不高兴，就会和家长一起寻找原因，设法改变幼儿的情绪，让幼儿心情愉快地生活。第二个活动是“赞美时刻”。幼儿园每天下午专门安排一段时间进行“赞美”，分大班、中班、小班进行，小朋友互相赞美优点，老师也一起赞美小朋友的优点。赞美的范围很广，诸如哪个小朋友会动脑筋；哪个小朋友前几天不高兴，今天高兴了；哪个小朋友画画得好；哪个小朋友有进步了。然后园长给取得进步的小朋友发奖。第三个是类似“赞美时刻”的活动，幼儿每天定期谈“今天我最高兴的一件事”。孩子们一起谈自己最高兴的事，在活动中孩子们快乐的情绪互相感染，可以调整每一个幼儿的心理状态。这些都是非常有效的做法。①

这些在幼儿园常规活动中巧妙地运用心理教学，这样的心理健康教育方式是每个幼儿园都可以模仿学习的。我们有必要借鉴台湾地区同行的做法，贴近幼儿的生活，了解幼儿的心理，在幼儿心理健康教育实践上多多深入思考，把理论与保教实践结合起来。

（3）引导幼儿适当表达和控制情绪。

在积极情绪的培养中，要让幼儿学习一些表达和控制情绪的方法，如让幼儿知道“爱笑的孩子人人喜欢”，培养其微笑的表情习惯，训练幼儿会适时地面露笑容。例如，向别人打招呼和提出请求时笑一笑，睡觉醒来笑一笑，遇到困难了努力地笑一笑等，使笑容成为自己的基本表情。

---

① 盘海鹰．幼儿心理教育科研就在我们身边．幼儿教育，2002（9）．

随着内部语言的出现，幼儿具备了对情绪调控的心理条件，但调控情绪不等于要压抑情绪，要引导幼儿恰当地表达情绪。当情绪激动时，学习用理智控制情绪，不号啕大哭、大喊大叫。但是如果心里很不愉快，可以哭出来，不必害怕教师生气。教师在幼儿大声哭喊时，不应粗暴地以“不许哭”的指令加以阻止，而可以用关切的态度说：“大声哭真难听呀，如果你小声一点哭，就会好听一些的，好吗?”有的幼儿产生愤怒、恐惧等强烈情绪，大多是因为感到自己无法解决问题所致，如玩具被抢时发生的大叫、大哭、打人、咬人等行为，此时要指导争执双方学习协调、轮流、等待、分享的交往沟通技巧，以调整消极情绪，建立融洽的同伴关系。

（4）及时疏导幼儿的不良情绪。

幼儿因离家上幼儿园、愿望得不到满足、受到斥责时会产生焦虑、惧怕、痛苦、悲伤和紧张不安等消极情绪。此时，教师不应讽刺或压制，而是应给予安慰，引导幼儿采用恰当的方式表达情绪，初步了解倾诉、哭泣、大喊、踢球、击物、拍打黏土等都是适宜的宣泄情绪的途径和方式，鼓励幼儿把心中不愉快的事情说出来，会用“我不高兴!”“我很气愤!”“我生气了!”等话语表达自己的心情。

比如有的教师开展了“发泄的小点子”的活动，收到了很好的效果。每个人都会遇到烦心的事情，孩子也是如此。他们会因被朋友误解而伤心，会为自己的小失误而懊恼不已。可以为孩子们提供一些方法帮助他们缓解情绪。如给予一些小瓶子等能发出声音的东西供孩子敲打，以释放不良情绪，当然这是对于情绪外向的孩子来说的。对于内向的孩子，要主动去和他们聊一聊，或者安排一些小朋友去陪伴等。同时和孩子一起探讨发泄情绪的方法：大声唱歌、自我安慰、看书，等等。

事例评述

情绪关注

宁宁，男孩，6 岁，幼儿园大班。出生后一直由保姆带大。父母工作繁忙，在孩子建立情感依恋的关键期，对孩子的精神支持、情感支持都不充分，造成孩子产生一系列的问题行为：情绪很不稳定，易坐立不安；挫折容忍度低，易怒；无端拍小朋友的脸，时不时地揪小朋友的头发，在游戏时粗鲁地抢小朋友的东西，与同伴之间沟通少。在班级中让老师头疼，是个不受欢迎的孩子。从宁宁的这些不良行为表现可以看出是不良情绪所致。

为了帮助宁宁走出情绪障碍，释放不良情绪，我们通过设计“我的烦恼”和“心中的愤怒”这两个活动，先让幼儿画出让自己烦恼的人、事或物，讲述烦恼的事件给自己带来的感受。他画了一个大大的风筝在天上飞，讲述一个男孩在放风筝，没有握住风筝线，风筝飞跑了，他很苦恼，想把飞走的风筝弄回来。

接着进行“心中的愤怒”活动，在活动中用吹气球的游戏比喻怎样疏解心中的愤怒，然后请幼儿画出曾经让自己很愤怒的一件事情并讲述出来，然后将气球放气来宣泄情绪。宁宁在这个活动中，情绪非常兴奋。他从吹气—放气—再吹—再放气这样一个过程中，体验到了宣泄情绪的快感。整个活动下来，宁宁精神上得到了很大的放松，自信心有所提升，负向行为也随之减少。

2. 自信心的培养

自信心是一个人对自身力量的认识和充分估计，是一种良好的心理品质，也是一个人克服困难、自强不息、取得成功的内在动力。一位哲人曾经说过：“谁拥有了自信，谁就成功了一半。”

幼儿期一般不会产生严重的自卑心理，但自信心不足是常见的，培养自信心就要帮助幼儿正确认识自己和评价自己，而幼儿对自己的评价主要来自他人尤其是教师的评价。教师要尊重和信任幼儿。心理学家认为：人在满足了生理需求后，人性中最本质的需要就是渴望得到赏识。就其精神而言，每个幼小的生命仿佛都是为赏识而来到人间的。著名教育家陶行知先生也曾指出，教育孩子的全部奥秘就在于相信孩子和解放孩子。近来有学者把这句话概括为赏识和信任孩子。教师的言行对幼儿自信心的树立有很大的影响。教师的微笑、点头、抚摸等都是给予幼儿的信任和支持。幼儿也会在教师信任的目光下、支持的话语中，重新树立起自信心。当然，对幼儿的鼓励和肯定必须恰当，过分称赞则会引起盲目自信或对称赞无所谓的态度。

成功的快乐是一种巨大的鼓舞力量，成功的积极体验会增强幼儿的学习动机，激发幼儿再尝试的欲望。因此我们应帮助孩子获得能力，使孩子实现成功的愿望。由于幼儿的知识、经验和能力是有限的，有的事情他们经过努力能做到，有的事情无论怎么努力也暂时做不到，在这个时候，我们不要勉强孩子，适当的时候还要帮他一把。著名的教育家盖杰说过：表扬是一种最廉价、最易于使用且最有效的，但也是最容易被人们忽视的一种激发学习动机的方法。当幼儿遇到失败和挫折时，不要轻易地批评指责或包办代替，要鼓励幼儿再尝试、再实践。让幼儿在动手的过程中，在完成了有趣的活动之后，看到自己的力量，体验成功的快乐，在“我能……”之后产生自信。

自信心是幼儿成长道路上的基石，是学习过程中的润滑剂，是生活中必不可少的勇气。因此，在日常生活中，我们要通过各种活动，使幼儿学会辩证地认识自我，既看到自己的优点，又发现自己的不足，使他们在一次次的尝试、探索、创造中，不断地证实自己，增强自信心。

二、幼儿安全防护

幼儿年龄小，生活经验贫乏，自我保护能力有限，缺乏防范的基本意识，自我保护意识弱，因此幼儿期也是人一生中最容易出现事故和危险的时期。经过调查发现，幼儿期发生意外事故的几率是成年人的三倍。事故的主要种类有：溺水；因推挤而引起骨折、擦伤；吞食异物或将异物塞入鼻孔；被尖东西刺伤；烫伤；走失；误食其他物体等。而幼儿期出现事故的伤害有时会导致人一生命运的改变，例如：骨折扼杀运动天分，脸部的疤痕导致一生的自卑，吞食异物造成器官损伤等。因此在幼儿期实施安全教育是十分必要的，它将为幼儿期终身的幸福、健康奠定良好的基础。

（一）生活环境中的安全防护

近年来，幼儿意外事故时有发生，相当大的原因是幼儿缺乏自我保护能力和安全意识。1990 年，世界卫生组织发布的报告表明：在世界大多数国家中，意外伤害是青少年致伤、致残的最主要原因。来自中国死亡监测网的报告显示，无论城市还是农村，意外伤亡均为 1～4 岁幼儿的第一位死因，死亡率高达 0.69％～0.94％，边远地区 5 岁以下幼儿意外死亡率甚至达到了 1.06％。华中科技大学同济医学院曾在全国 11 个城市 4.3 万多名幼儿中进行过意外伤害的调查，结果显示：非致命意外伤害的发生率为 24.10％，其中，造成身体缺陷者占 1.64％，造成永久性伤残者占 1.01％。国内其他相关调查也显示：每年有20％～40％的幼儿因意外伤害需要给予医学关注，其中 1/3 需要手术治疗、卧床、休学或 1 天以上的活动限制①。因此，必须加强安全教育，为幼儿创设安全的生活环境。

1. 重视家居安全教育，提高孩子在家的安全指数

统计资料显示：6 岁以下儿童的意外伤害，45％ 发生在家庭中，其次才发生在幼儿园及其他社会环境中。幼儿阶段的孩子，知识和先天体能都很有限，缺乏危险意识，所以是危险环境

① 学前教育（家教版），2003（2）.

的最大受害者。如果父母对家庭环境安全的敏感度不高，甚至漠视的话，就很容易使孩子遭受意外。

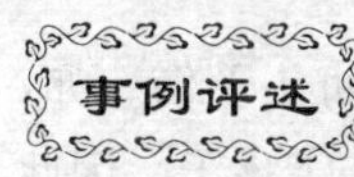

晚上，3岁的仔仔一个人在客厅玩耍，父母都在厨房忙乎。仔仔跑过来，将一个空药瓶交给妈妈："妈妈，把它扔到垃圾桶好吗?"妈妈吃惊地问："宝宝，里面的药片呢?"仔仔得意地笑了，指指嘴巴："妈妈，我都吃下去了。"这下可不得了，惊慌失措的父母只有赶紧带着孩子去医院检查、洗胃了。

由于孩子年龄小，安全意识及自我保护能力差，当他们由于新奇而去尝试一些事情时，却不料危险已经悄悄来到身边了。虽然多数家长经常担心孩子会发生意外伤害，但对于某些可能引起意外伤害的家庭环境因素却不够注意，不少家长不注意保管好家里的药品，放在孩子能拿到的地方，他们想不到由此可能会导致孩子在家庭中发生药物中毒。

"授人以鱼，不如授人以渔"，在生活中，家长在加强对孩子的保护的同时，更应教孩子掌握一些基本的自我保护的技能。

(1) 教育幼儿不要做危险的动作。

在下列情况下，孩子很容易受伤或出现意外：爬树、爬墙、爬阳台，在不平坦的或有较多障碍物或施工场地奔跑，从很高的地方往下跳，试图拿力所不能及的东西。所以平时我们的教师和家长要教育孩子不能做这类危险动作。另外我们作家长的也千万不能将幼儿一个人丢在家里并将大门反锁，这样幼儿只能到阳台上等爸爸、妈妈，时间长了可能会想办法爬到阳台上，要是幼儿站在凳子或其他东西上，身高如超过阳台较多就有摔下去的危险。

(2) 教育幼儿不要靠近危险情境。

要让幼儿明白什么是危险情境，如孩子独自在河边、池塘边玩，在炉子、热水瓶、机器等附近玩耍等，因此我们应该经常教育幼儿不要在危险场所游玩。

(3) 教育幼儿安全使用游戏器材和其他用具。

游戏器材和其他用具使用不当，都有可能使幼儿受伤。如：剪刀、游戏棒、带有子弹的手枪玩具等都有可能伤害孩子。因此要随时让孩子了解安全使用游戏器材和常用工具的重要性，并教他们掌握安全使用的方法。小班幼儿使用的剪刀最好是带塑料包壳的，这样相对要安全些，以免戳到眼睛等。

(4) 教育幼儿不要玩火、玩水、玩电。

幼儿最喜欢水，也最容易背着成人玩水、玩电，因为水、火、电都会激发幼儿好奇的天性，对幼儿有很大的吸引力。因此我们应从幼儿记事时起就教育他们不玩水、火、电，不要一个人跑到河边、水缸边。另外也要教育孩子不玩火柴，不要从炉中引火玩；不玩电器插头。我们应向幼儿介绍有关水、火、电的科学知识，使他们意识到它们的危险性。

(5) 教育幼儿不随便把东西放入口腔、鼻腔、耳内。

教师、家长要教育幼儿认识自身的器官，知道眼、耳、鼻、喉等都是自己的器官并要注意保护，把东西放在口腔、鼻腔、耳内都十分有害。口腔向下是咽喉，咽喉是食物和气体的共同通道。如幼儿将纽扣、硬币等放入口腔，一不小心吞下去后，如滑入气管幼儿会出现严重的呼吸困难，若不及时抢救可能会危及生命。如卡在食道里，就会使食道相应部位出现疼痛，发生吞咽困难。鼻腔是呼吸的起始部位，当幼儿不慎把一些小物件塞进鼻腔后，就会阻塞呼吸而有可能出现大量带黏液的血脓性分泌物；东西掉入耳中，就会产生听觉障碍。因此要教育幼儿不要将东西放入口腔、鼻腔、耳内等，同时在给幼儿吃花生米、蚕豆等时也应小心，教他们吃饭时不讲话、说笑，否则也会出现以上阻塞现象。

除此以外，我们的教师、家长不能用饮料瓶盛装其他有毒物品（如农药、硫酸、卤水等），并不要放在幼儿可以随便取拿的地方，否则也容易出现意外。

（6）教育幼儿对陌生人要有一定的警惕。

我国基本上实行了一对夫妇只生一个孩子的政策，所以每个孩子都成了家庭的核心，成了家庭的宝贝。一些不法分子就利用人们的这种心态干起了拐卖人口的勾当，从中贪取钱财。因此要教育幼儿对陌生人有一定的提防，如不吃陌生人给的东西，不跟不认识的人走，一旦遇上陌生人拐抢要及时呼救等。家长平时带孩子上街或到其他公共场所也应注意照看好自己的孩子。在幼儿园，如果自己不能接送自己的孩子，一定要与幼儿园的老师联系，告诉老师由谁来接，以免发生意外，并教育幼儿在发生危急情况时喊叫大人帮助。

2. 创设安全的校园环境，为幼儿学习生活提供安全保障

（1）保证校园设施安全。

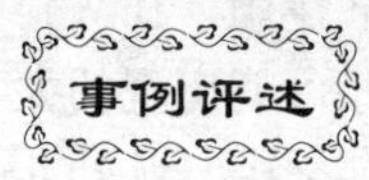

小心！地滑

上活动课了，楼道里，负责卫生的阿姨刚擦过的地面上水印还没干。小朋友们都自觉地绕开还湿着的地面，靠着墙边走。保育员笑了，小朋友们既尊重了别人的劳动又保护自己的安全。

幼儿园环境是指幼儿园内幼儿身心发展所必须具备的一切物质条件和精神条件的总和，包括人和物的环境，如幼儿园的大厅，走廊，活动室，户外活动场地，一切房间、空间的安排布置；教师、园长及一切经常与孩子接触的人员，他们的态度、行为、一日安排，成人与孩子，孩子与孩子之间的交往等。幼儿园的物质环境创设是其中的一小部分，但却是幼儿生活和接触最多的地方。

幼儿园的建筑、生活区、活动区、其他公共设施，要符合国家安全标准。大型玩具选择及摆放、幼儿使用的学具、玩具等不但要体现童真童趣，更要适合幼儿活动和操作，地板、墙壁周围避免凹凸不平和棱角，严防幼儿跌伤、撞伤。特别是要消除设施方面的隐患。如危房、围墙；大型玩具年久失修，或没有铺设保护垫，螺丝脱落，教具、玩具的材料有毒等不安全因素必须及时排除，以确保幼儿园环境方面的安全。

良好的生活环境创设，可通过有趣的图片、漫画、标志符号、照片等布置安全宣传栏或墙饰，让幼儿在环境的潜移默化中熏陶、感受、积累各种安全生活经验并产生相应的情感体验，提高幼儿的安全意识。一日生活各环节中，有的环节每天重复多次，利用环境的创设，避免了教师重复的提示，它直观易学，有助于激发幼儿的情感，并暗示孩子的行为。

（2）不断完善安全制度，落实安全措施。

幼儿园的管理者在安全检查中起着宏观管理的作用。在实施安全管理过程中，我们根据本园的实际情况把幼儿可能出现的大小事故列入安全措施的条款里，将事故消灭在萌芽之中。凡幼儿接触的所有外界因素都包含在安全范围之中，建立保健人员、炊管人员、保教人员、门卫等一系列岗位责任制度，使幼儿园的每一个工作人员都有自己的安全工作范围。对于每一个教学环节，要建立操作规程性强的、责任明确的《交接班制度》、《外出活动管理制度》、《幼儿接送制度》等，保证幼儿在每一处、每一时间、每一环节都受到无微不至的关心与照顾，保证幼儿在安全环境中健康成长。不但要建立完善的制度，还要切实履行。要求管理者做到“执章必严”，工作人员“有章必依”、“违章必究”。将制度落到实处，才能发挥它应有的功效。

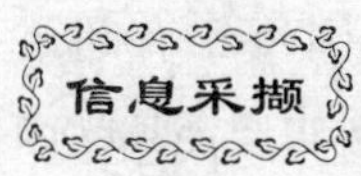

日本是世界上比较重视教育安全立法的国家之一。他们通过设立儿童俱乐部，使上百万儿童受到形象的安全教育，儿童俱乐部设有交通安全、消防安全等儿童相关的教育内容，“走、停、过、看、听、玩”六大科目。日本幼儿园中的绝大部分户外活动场地采用了硬沙土地，以减少摔倒后的损伤程度；单杠、爬竿等攀爬类设施下面垫有塑胶垫子；秋千周围设置围栏或用白线标示，以提示孩子秋千摆的安全位置。他们的一些环境创设似乎又故意增加了危险因素，有尖尖屋顶的小房子用来给孩子攀爬，两棵高高大树之间的有着大漏洞的绳网也是允许孩子爬越的设施。他们更多的是用原木类的材料做成设施，一些堆成的小土坡，自然生长的草地。国外很多幼儿园的活动场地都非常有限，但他们在环境创设上注重为儿童创设一种自然，如用绳索吊在树上自制的秋千等等，这一切都力图让幼儿与自然相亲近，获得人与自然的依存体验。他们认为儿童不是完全生活于纯封闭、安全无危险的环境中的，只有让他们在充满危险的自然环境中去冒险，去体验，才能积累具体的经验教训，形成防御危险的意识和能力；而这种自然的环境也减少了像塑胶等化学制品可能造成的污染。①

3. 强化公共安全意识，确保幼儿出行安全

交通安全是一个永不过时的话题，应从娃娃抓起。儿童的交通安全意识以及交通安全知识掌握程度，将直接关系到儿童个体生命的健康成长与家庭幸福，更关系到整个社会的文明、进步和发展。

学前儿童，身材矮小，交通意识弱，对交通工具的危险性认识不足且好动，对事物变化过程的感知能力较差。因此，他们是

① 顾桂兰. 国外幼儿安全教育之鉴. 安全与健康，2010（01）.

最容易发生交通事故的群体。据有关统计，我国每年有超过1.85万名14岁以下的儿童死于道路交通事故，其死亡率是欧洲的2.5倍、美国的2.6倍①。这惊人的数据，残酷的交通事故，不断地向我们敲着警钟——必须加强儿童交通安全教育。

（1）学习交通安全知识，培养儿童自我保护意识。

要充分认识到交通安全教育的重要性，利用动画、卡通、虚拟人物、优美歌曲等生动活泼、图文并茂、直观易学的教法激起幼儿了解交通法规、树立安全意识的积极性和主动性。通过观看图片、交通标志绘画、安全童谣的传唱等喜闻乐见的形式，使幼儿在轻松的氛围中认识多种交通标志、标线及交通违法行为，树立交通安全意识。

例如，针对小班幼儿，他们已有最初步的认知能力和对社会规则、行为规范的认识，能做最直接、简单的道德判断。根据这一特点，其教育目标主要是让幼儿了解简单的交通工具、交通法则以及交通安全的重要性等，如什么是人行道，什么叫红灯绿灯，它们有什么作用，人车相撞会发生什么后果等。其方法主要是看图讲解、做游戏等。针对中班幼儿，同样需要用游戏的形式来加强交通安全教育。重点是要引导幼儿学会简单地评价自己和他人的行为，判断这些行为的对与错等。针对幼儿可以开展交通安全教育的最主要时期，其内容可丰富些，目标可更高些，方法也可更为多样，如开展“我是交警”角色游戏、交通安全讨论、参与交通模拟和制定幼儿交通安全有关规定等。

（2）创设环境和实践场地，加强安全教育。

一是可以通过环境创设，如在幼儿园结构区中设置交通安全教育的活动设施，包括模拟红绿灯、斑马线以及其他交通标志等。又如在班上张贴形象有趣、易理解的交通标志等图片，在语

---

① 蒙令华. 交通安全教育：学习孩子好榜样. 道路交通管理，2006（6）：8～10.

言区设立“娃娃从小懂交通”园地。二是提供实践场地，在游戏中加强安全知识教育。交通安全教育目标的真正落脚点是将“知”转化为“行”，而要实现这一目标可通过角色游戏让幼儿来实践。如开展“十字路口”、“汽车站”等游戏，让幼儿把学习的交通规则运用到游戏中。又如让幼儿或教师作为交通警察来模拟实践，使所学的交通规则和自我保护的意识在游戏中得到运用。

（3）联合家庭对幼儿实施安全教育。

家长的交通安全意识对孩子的交通安全很重要，因为大多数情况下孩子是在家长的带领或嘱咐下在街上行走。幼儿园可采取“小手拉大手”的形式（就是在日常生活中如家长接送小孩上下学途中让小孩来提醒家长遵守交通规则）来提高家长遵守交通规则的意识，从而在生活中形成一种互动，家长和子女互相学习和提醒。在没有接送孩子上下学的情况下，家长应知道叮嘱哪些事项，告诉孩子们在单独时要等到与大人或大龄同学一起过街。对于自己开车接送孩子的家长，要告诫他们无论何时都不要将孩子单独留在车内，高温、缺氧等情况都会夺走孩子的生命。

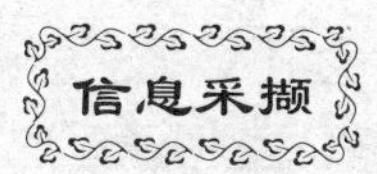

开车接送孩子要注意安全[1]

在澳大利亚昆士兰州皇家汽车俱乐部进行的测试中，汽车在阳光下停放 1 分钟后，车内的温度会从摄氏 19 度上升到 30 度，7 分钟后达到 40 摄氏度以上的高温。而如果体内温度持续维持在 41.5 摄氏度，会对人体造成永久伤害甚至死亡。成年人平均吸氧量约为每分钟 40 毫升/千克体重，儿童新陈代谢活跃，单位体重的需氧量还要更大。这也就是说，一名体重为 25 千克的儿

① 关爱未来 七大要素——远离儿童交通事故. 早期教育. 小脚印亲子论坛.

童每小时至少需要吸入300升的空气才能维持体内的正常代谢。车内密闭狭小的空间容易造成儿童缺氧，严重情况下可能导致窒息。2006年8月，湖南省湘潭市一名年仅2岁多的幼儿被滞留在车内长达5个多小时，最后窒息死亡。2007年5月，安徽省一名3岁幼儿被滞留在校车内6小时，没有任何自救能力的孩子最终在30℃的高温下昏迷死亡。同年8月，广东省佛山市一名1岁多的孩子被老师遗忘在幼儿园接送幼儿的车上6个小时而闷死。

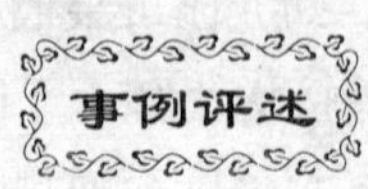

红灯、绿灯眨眼睛（小班）[①]

设计思路：

该活动根据小班幼儿学习的形象性和游戏性的特点，采用故事以及游戏“开小汽车”等活动方式，让幼儿理解红绿灯的含义并学会在行动中遵守“红灯停、绿灯行”的交通规则，提高幼儿过马路的安全意识。

活动方案与实录：

活动目标：

（1）知道红灯、绿灯代表的含义。

（2）行动上能够遵守“红灯停、绿灯行”的规则。

（3）在活动中体验模仿游戏的快乐。

活动准备：

（1）经验准备：幼儿有开小汽车游戏的经验。

（2）物质准备：小汽车模型一个、模拟红绿灯一个、红绿灯指示牌一个、模拟马路、音乐《小汽车》。

---

① 顾荣芳，薛菁华．健康．南京：南京师范大学出版社，2007：59~61.

活动过程：

1. 教师组织幼儿玩模仿游戏“开小汽车”，幼儿在音乐中开着小汽车来到座位。

2. 教师讲述小汽车的故事（辅之以教具、动作）引出红绿灯及其含义。

师：有一辆漂亮的小汽车，刚生产出来就跑到大街上东看看、西看看，真热闹。这时，它看到马路上有一样东西不停地眨眼睛，你们猜是什么？

幼：红绿灯。

师：对了，绿灯亮了我们要怎样？

幼：可以走了。

师：连起来怎么说？

幼：绿灯亮了可以向前走了。

师：很好，那红灯亮了呢？

幼：红灯亮了不能走了。

幼：车子要停下来。

师：没有红绿灯会怎样？

幼：会撞车。

师：小汽车嘀嘀嘀，开到东来开到西，红灯亮了停一停，绿灯亮了向前行。

教师引导幼儿重复念几遍儿歌。

3. 教师引导幼儿在游戏中实践“红灯停、绿灯行”的规则，先在室内坐在椅子上“开小汽车”，而后扩展到在户外“开小汽车”。

（教师扮演信号灯，幼儿扮演小汽车，在红绿灯的转换过程中锻炼幼儿对红绿灯变换的反应能力，强化幼儿对红绿灯含义的理解，并做到知与行的统一）

4. 经验迁移：小朋友过马路时应当如何遵守“红灯停、绿灯行”的规则。

（一位教师扮演信号灯，一位教师扮演警察，让小朋友模拟

过马路。要求幼儿今后过马路时为了安全要仔细观察红绿灯并提醒自己的爸爸妈妈）

活动实施评价：

该活动使幼儿了解了“红灯停、绿灯行”的交通规则，并在行为上能够遵守此规则，达到了知行统一，也在活动中体验到了游戏的快乐，基本实现了预期的活动目标。但是，由于儿歌本身不太符合小班幼儿的语言特点，活动后绝大多数幼儿无法清楚、完整、准确地说出此儿歌。

活动实施反思：

● 亮点

（1）该活动构思巧妙，活动环节环环相扣、衔接自然。

（2）教师在活动过程中相当投入，精神状态饱满，语音语调符合小班幼儿的接受特点，提高了幼儿的注意力，极大地调动了幼儿活动的积极性。

（3）在户外开小汽车环节中，当幼儿提出“小汽车没油了，跑不动了”时，教师及时生成了“加油站”，让幼儿加满油再行驶。教师机智运用恰当，增添了游戏的趣味性，保护了幼儿的创造性思维。

● 不足

教师设计的儿歌不符合小班幼儿的语言特点，儿歌不能为幼儿所接受。例如儿歌里讲“绿灯亮了向前行”，而幼儿口中一直都是“绿灯走”。

● 建议

（1）经验准备上，建议教师活动前组织幼儿观看行人过马路（实景或录像），使幼儿对红绿灯及其含义有较深刻的感性认识。

（2）活动设计上，建议教师在延伸活动中加入黄灯的使用，使幼儿明白黄灯表示“等一等”，并能赋予幼儿完整的生活经验，同时也能增添游戏的趣味性。

（3）儿歌设计上，教师可以对儿歌进行适当的修改以符合小班幼儿的语言特点。例如可以将“绿灯亮了向前行”改成“绿灯亮了向前走”。小班幼儿处于语言发展的关键期，本活动中教师可以帮助幼儿记住儿歌，以促进其语言的发展。

（二）日常行为中的安全防护

安全生活教育应当帮助幼儿逐步树立安全第一的观念，在任何时候任何地点做任何事情都应首先看一看、想一想是否安全或怎样更安全。比如，过马路时要看交通信号灯及前后左右、奔跑时要看前方是否有障碍物、坏玩具要先修后玩。平时教师还应提醒幼儿随时注意周围环境中可能存在的安全隐患。

生活中的安全隐患可谓防不胜防，幼儿安全生活教育应将提高幼儿的行动反应力作为预防意外事故发生的积极举措。我们可以通过体育锻炼以及其他专门活动，增强幼儿躲闪、呼喊等快速反应能力，并通过生活场景的模拟，演习求救技能。比如，尝试跃过障碍物，尝试在地面上滚动来灭火。

事例评述

哈尔滨新闻网讯　2008 年 8 月 29 日早 8 时 40 分许，10 多个幼儿园大班孩子被送到省医院儿科就诊，这些孩子都因误食了一名幼儿当糖豆带来的灭蝇药片而出现了不良反应。

反思：幼儿的生活经验不足，无从判断一件事物对自身的危险性；对诱惑的抵抗力很低，面对喜欢或者好奇的事物难以抗拒。而成人又不可能给幼儿提供一个完全安全无忧的生活环境，因此年幼的孩子们常常会有这样的危险：因为贪玩而溺水、失足，因为贪吃而食物中毒、药物中毒，因为好奇而置身险地等。

在生活中，意外事故是常常发生的，但是在日常生活中教幼儿学习一些自我保护的方法可以将意外伤害发生的可能性降到最低。

1. 向幼儿讲解必要的安全常识

首先让幼儿了解不安全带来的后果，有些老师只知道给幼儿定下种种规矩，只是不许这样，不许那样，却懒于对这些限制作进一步的解释说明。幼儿不理解老师不允许自己这样做的理由，认识不到这样做的必要性，一旦老师不在身边，在好奇心或逆反心理的驱使下，他们常常会做出一些危险的尝试，从而引起一些事故的发生。

例如，为了让幼儿知道不舒服要及时告诉老师，并提醒幼儿说出哪个部位，可在社会活动中特意选择“我的身体”的内容，让幼儿了解身体的主要器官的名称及功能，并在教室内悬挂一幅人体剖面图。幼儿会通过自我讨论及向家长询问，知道身体的奥秘及重要性，有效提高幼儿的自我认识，萌发其自我保健意识。

与其事后教育，不如防患于未然，老师在向幼儿提出一些安全规则时，应耐心地讲清原因，如：不要把手指放在门缝里，否则别人一推门会夹伤你的手指；不要在马路上玩，那里车子很多，一不小心就会被车撞倒……幼儿明白了如果这样做的危险后果，理解老师的限制是出于对自己的爱护，也就不会去贸然尝试了。

2. 培养良好的生活习惯和良好行为

良好的生活习惯与自我保护教育是紧密结合、相辅相成的，如小班幼儿喜欢把一些小东西放在嘴、耳、鼻中，曾出现过不少孩子误食的现象。为改变这种不良的习惯，可通过“医生”的活动，教师穿上工作衣，戴好口罩，现身说法。另外，在幼儿着装、用餐、漱口、系鞋带等生活细节中，也时时刻刻提醒幼儿，并不时加以训练。例如通过让幼儿在朗朗上口的儿歌中不知不觉地掌握穿脱衣服的顺序，而且不易忘记。

幼儿良好行为的养成，能使幼儿躲避伤害。例如：幼儿有了饮食前吹一吹、摸一摸的行为习惯，可以避免烫嘴、烫手，防止误吃东西；幼儿养成靠边走、跑、右行的习惯，碰撞同伴或受车辆撞碰的机会就会大大减少；轻开门窗、轻拿、轻放桌椅的行为，能使幼儿避开门窗，桌椅边棱，可免遭磕碰的皮肉之苦。这些都是日常生活中经常遇到的，家庭和幼儿园应相互配合，对幼儿进行教育，并反复强调，可将日常行为规范编成朗朗上口的儿歌，便于幼儿理解、记忆。幼儿园还可开展《我会穿衣服》、《马路上发生的事故》、《遇到困难我不怕》等主题活动，使幼儿建立起良好的生活习惯，从而起到自我保护的作用。

3. 训练幼儿的自救和求救能力

知和行是有一定距离的，孩子有时知道要注意安全，但不一定有能力去处理一些带有危险性的事情，这就需要成人在平时有意识地训练孩子的自救技能。如，可人为地创设一些问题情景："如果你被反锁在家里，你该怎么办?""如果房子着火了，你该怎么办?""如果你的手被划破了，你该怎么办?"……引导孩子设想出各种自救方法，并进行演习。这种活动既是游戏，又是模拟练习，孩子非常喜欢。同时，这种活动还能培养孩子临危不惧、机智勇敢的品质。

保证幼儿健康安全地成长是我们每位老师和家长的职责，但安全意识不是我们老师强迫灌输的，而要让每个幼儿主动去获得，要从良好的环境中、各种教育实践中、丰富多彩的游戏中去获得。通过家园共同努力，切实有效地把幼儿自我保护能力的提高渗入一日活动中，全面促进幼儿健康成长。

幼儿期是身心成长的奠基期，是教给幼儿有关健康与安全的基本知识和技巧的理想时期，幼儿若能在这段时间建立正确的态度，养成良好的习惯，就会避免许多危险事故的发生。

信息采撷

儿童意外伤害处理[1]

1. 烧伤、烫伤

烧伤或烫伤，是比较常见的儿童意外伤害之一，其处理方法是：

①立即轻轻脱去被热水浸透的衣服，或是用剪刀剪开覆盖在烫伤处的衣服、鞋袜等。

②如果衣物和皮肤黏在一起，要先将未黏着的衣物剪去。黏着的部位应去医院进行处理，不可用力拉或脱，以免加重局部的创伤面积。

③如果烫伤部位为手足部位且不严重（指烫伤表皮发红但并未起泡的1度烫伤），烫伤后愈早用冷水浸泡，效果愈佳；水温越低效果越好，但不能低于－6℃。用冷水浸泡时间一般应持续半个小时以上，这样可减轻水肿和疼痛。如果是脸或额部等不能用凉水冲洗的部位，可以用几条毛巾轮流进行凉水湿敷。

④冲洗之后在伤面上涂抹烫伤膏，一般不需要包扎。

⑤如果伤面上出现小水疱，不要把水疱弄破，以免造成感染；如果水疱较大或水疱已破，最好到医院进行消毒处理。

⑥紧急处理后赶快带幼儿去医院诊治，尤其是烫伤发生在脸、手、腿、生殖器等部位时。

2. 触电

一旦发生触电，要将其移到通风较好的地方，解开其衣扣、裤带以保持其呼吸道通畅；如孩子心跳、呼吸停止，要对其坚持长时间的人工呼吸和心脏按压；有条件时用凡士林纱布或盐水纱布包扎触电部位，然后视情况送上级医院进一步治疗。急救以前

---

① 摘自《生活时报》1999年3月16日

要先迅速关闭开关，切断电源；用绝缘物品挑开或切断触电者身上的电线、灯、插座等带电物品。

3. 骨折

①孩子从高处掉下或遇车祸等，往往会发生骨折，先检查一下，如有外伤且伤口出血，应先止血；若昏迷，应清除鼻子、口腔里的污物，保持呼吸顺畅。

②骨折发生在四肢时，送医院前就地取材，用薄木板、竹板、硬纸板等将受伤肢体固定。先垫一个软垫，再将断骨的上下两个关节固定住，露出手指或脚趾以便观察，如果变白、发凉，说明绑得太紧。

③如果皮肉已损，断骨外露，不能塞回去，也不能乱上药，应盖上干净纱布。

④头部骨折的孩子大多昏迷，让其仰躺，头稍垫高，头两侧可放硬枕以便固定；肋骨骨折的如出现呼吸困难就有可能已伤了肺，不能固定，一般情况可用宽布固定；凡怀疑伤及腰部的，应严禁孩子走动、弯腰，不能抱，不能扶。大人的动作要一致，将孩子轻轻抬到硬板或担架上，尽量平稳地送到医院。

4. 中毒

①煤气中毒应迅速将孩子抬到空气新鲜的地方，并注意保暖。放盆凉水、喝醋、受冻都是错误的做法。

②发现孩子吃了有毒物，先用勺子等压舌头，让孩子把吃下的东西吐出来；同时尽可能找出中毒的原因及残留的毒物，以便医生对症下药；若已昏迷或误服强酸强碱，则应立即送医院。

5. 异物入体

①孩子将小物件塞进鼻腔，如只在一侧，可压住另一侧鼻孔，用力擤鼻。若还不行就去医院。千万别用镊子之类的工具自己夹。

②昆虫有可能飞进孩子的耳道，在里面爬来爬去很难受，可用灯光对着外耳道，诱虫爬出；其他异物入耳也不能自己动

手取。

③骨头渣、鱼刺、枣核等扎在咽部，不能用硬吞食物的方法，应去医院让医生取出。

④花生等硬食物、玩具上的小物件、衣服上的扣子都有可能卡在孩子的气管里，拍拍背，如能自己咳出最好，但一般都很难，还是立即去医院为好。

（三）突发事件中的安全防护

幼儿安全生活教育是根据幼儿动作发展、认知发展及生活经验积累等方面的特点，加强幼儿对周围环境中潜在危险的认识，提高其预见性和保护技能，减少意外伤害发生，提高幼儿生命质量的教育。

美国国家安全委员会认为“意外”是“一连串通常会导致不期望的伤害、死亡或财产损失事件的发生”。因此，对于突发事件的防范，应当提到生命教育的高度，加强教育与训练。

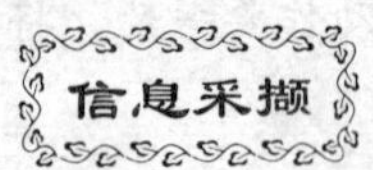

人民网 2001 年 6 月 5 日报道，江西省南昌市广播电视艺术幼儿园于当日凌晨 0 时 15 分发生火灾，13 名 3 至 4 岁的幼儿在火灾中丧生，大部分为窒息死亡。火灾是由一间寝室内点燃的蚊香引燃棉絮引起的，当时住宿的有 17 人，4 名侥幸逃生的幼儿中 1 人是自己跑出来的，另外 3 人是被救火人员抢救出来的。

突发公共事件是指突然发生，造成或者可能造成重大人员伤亡、财产损失、生态环境破坏和严重社会危害，危及公共安全的紧急事件。幼儿园可能面临的突发事件大致有以下几种：

①地震：危害是灾难性的，具有不可预测性；

②非典、禽流感、流行病：危害很严重，发生可能性较大；

③持刀行凶、劫持人质等暴力事件，火灾，爆炸，易燃气体

泄漏，食物中毒，车辆伤害，触电：危害严重，有发生的可能；

④暴雨、接到恐吓电话或收到恐吓信件、校内幼儿因运动等原因受伤、楼梯挤踏坠落事故、夜间停电事故、校内大型活动事故：危害比较严重，有发生的可能；

⑤建筑物坍塌：危害很严重，有发生的可能。

1. 自然灾害

日常生活中，水灾、火灾、地震、台风等自然灾害发生的概率较小，却是影响范围最广、时间最长而后果最严重的。而正是由于它们的不常见，一旦发生，往往令人措手不及，难以及时应对和处理。面对此类灾害，平时对防灾避灾知识的普及以及相关逃生技能的演习在关键时刻就显得尤为重要。

汶川大地震之后，教育部紧急部署地震灾害预防救助要做好五项工作：要把中小学校和幼儿园作为重点，采取有效措施，确保师生生命安全。我们需要从娃娃抓起，对他们进行关于地震灾害自救意识的培训，并让他们知道，灾难不可避免，但可以通过一定的手段加以防范，达到降低灾害伤害的目的。

面对地震：

(1) 让幼儿了解一些地震的前兆。

地震是一种自然现象，科学发展到今天，科学、准确地预测地震，仍然是一个世界难题。但地震是有前兆的，由于地球内部发生相对运动或变形，引起地面的微小倾斜和地下电流、地磁场、地应力、地湿、地下水等发生异常变化，动物有异常反应，出现地光、地声、天气异常等现象。让人们了解、掌握这些来自自然界、动物界以及需要仪器才能测出的反常现象，是很有必要的。

教师可将一些人们长期以来总结出来的来自自然界和动物界的反常现象，编成通俗易懂、朗朗上口的儿歌教给幼儿。如：

骡马受惊不进圈，
家禽惊叫飞上树，

蛇儿冬眠早出洞，
猪不进圈往外逃，
老鼠搬家到处跑，
大震之前狗乱叫。

再如：

天旱井水冒，
无雨水变浑，
喷气又发响，
翻花冒气泡。

但是，教师在组织教学时，应注意提醒幼儿，有些现象并不一定是地震的前兆，需要进行认真、科学的分析。

教师还可组织幼儿参观当地地震管理单位探测地震的一些仪器，并请专业人员讲解如何测试地形变化、地应力、地磁、地电等方面的地震前兆，还可通过图片、视频资料等向幼儿讲述这方面的知识和内容。

（2）教给幼儿避震的有关知识。

过去有些地区发生地震时，一部分人员受伤。不是因为建筑物的倒塌或破坏直接造成的，而大多是因为不懂地震常识，在地震突然来临时，或惊恐万分、不知所措，或你拥我挤、争相外逃，有的甚至贸然跳楼，以致摔伤、挤伤或踩伤。吸取以往的教训，为了避免不必要的伤害，有必要对幼儿进行这方面的教育。主要有以下几个方面：

①在幼儿园中怎样避震？教师首先教育幼儿，发生地震时不要惊慌，要听从教师指挥。正在上课时，要在教师指挥下迅速抱头、闭眼，躲在各自的课桌下。如果位置靠近门口且门外地处宽阔地带，可迅速跑到室外。可就近躲到空间狭小并有管道支撑的房间。在操场或室外时，可原地不动蹲下，双手护住头部。注意避开高大建筑物或危险物。不要回到教室去。

②在家庭中怎样避震？地震预警时间短暂，室内避震更具有现实性，房屋倒塌后形成的三角空间，往往是人们得以幸存的相对安全地点，可作为避震空间。主要是指大块倒塌体与支撑物构成的空间。

③在户外怎样避震？就地选择开阔的绿地、广场、体育场避震；避开山脚、陡崖，以防山崩、滚石、泥石流等；蹲下或趴下，以免摔倒；不要乱跑、避开人多的地方、不要随便返回室内。

以上内容，教师需反复强调并配以实地演练，以加强教学效果。

面对火灾：

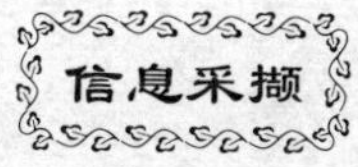

2001年6月5号凌晨，江西广播电视艺术幼儿园发生火灾，过火面积43.2平方米，直接财产损失13463元，13名儿童在火灾中死亡，1名儿童受轻伤。

事发时留宿在园的包括老师、厨师、实习生以及幼儿共304人，发生火灾的是幼儿园二楼南侧有里外两间屋的小六班宿舍。这个小六班共21名儿童，当晚宿舍住着17名，发生火灾时4名侥幸逃生的孩子有1人是自己跑出来的，其余13名儿童因烟熏、烧烫、一氧化碳中毒死亡。火灾原因是：小六班的班主任杨惠珍在宿舍内的过道上点燃了三盘蚊香，正是由于蚊香将床沿边的棉被引燃才发生了这起火灾。着火时，没有值班老师和保育员在场。

幼儿园的特点是孩子年龄小，遇到紧急情况时，应变、自我保护和迅速离开的能力有限；老师和保育员又大多数是女性；幼儿园室内装饰、设备和孩子的玩具等以易燃、可燃物居多；并有电视机、电冰箱、电风扇、空调等用电设备，很容易超负荷用电；幼儿园就餐桌椅十分拥挤，有的只有一个出口，一旦发生火灾事故，疏散困难，很可能造成重大伤亡。因此增强幼儿的防火意识，提高幼儿的防火自救能力，加强幼儿防火安全教育至关重要。

（1）教幼儿预防火灾的相关知识。

利用生动活泼的形式对幼儿进行防火知识教育，可以分为三个方面：一方面是不做可能引起火灾的事情，教育幼儿不玩打火机、火柴和蜡烛；另一方面是要准备和爱护消防设施等，例如教幼儿认识“严禁烟火”的标志；还有一方面是平时要注意家里物品的摆设与使用，尽量远离火种。让幼儿知道蚊香不能靠近容易着火的物品。小朋友不能玩未熄灭的烟头，见了没熄灭的烟头应及时踩灭。

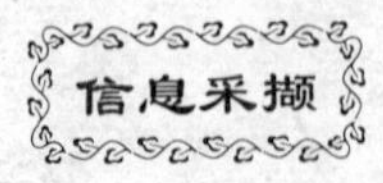

火灾平安歌谣

火灾起，浓烟熏，身上着火地上滚。
湿毛巾，捂鼻口，不乘电梯往下奔。
阳台滑下捆绳索，盲目跳楼会伤身。

（2）教会幼儿应对火灾的方法。

告诉幼儿衣服着火时应在地上打滚并大声呼救；发现小火苗或着火应呼喊和告诉成人；知道 119 是火警电话号码。

（3）组织幼儿进行防火演练。

教导小朋友使用湿毛巾捂住自己的口鼻，蹲下身子，通过安全的通道走到安全的地方以防中毒、防窒息；教导小朋友遇到火灾要听从老师指挥、莫惊慌，保持镇静，不要乱跑，按照老师指示的安全通道方向，迅速、有序疏散和逃生，千万不可乘坐电梯；发现火灾应尽量大声呼唤附近的人员援助；通知消防中心119，报警时要讲清详细地址、起火部位、着火物质、火势大小、报警人姓名及电话号码，并派人到路口迎候消防车。初步掌握几种自救逃生的方法及技能，提高自我保护能力。

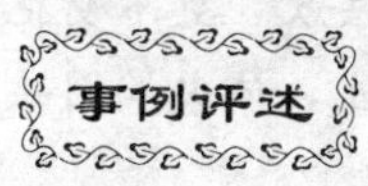

火灾逃生一例[①]

在2001年江西省广播电视艺术幼儿园火灾中，沈如宏和俊杰是生还的4名幼儿中的2名，都只有4岁。回忆当时的情景，沈如宏记忆犹新："……被熏得醒过来后，看到到处在冒浓烟，但房间内没亮灯，于是从床上爬起来，从卧室走到活动室……一点都不害怕，因为找不到衣服、鞋，我是光着脚丫走出去的……"

俊杰的回忆也颇为清晰："……到处都是烟，很难闻。很多小朋友在哭，我被热醒后睁开眼一看，火很大，全是黑烟，有几个小朋友趴在窗户边哭，我爬起来就往外冲，快到门口时，看到老师在牵别的小朋友，我便抱着老师的腿出去了……"

孩子们简短的几句话，是对事实的回忆，也对火灾逃生做了最好的诠释。

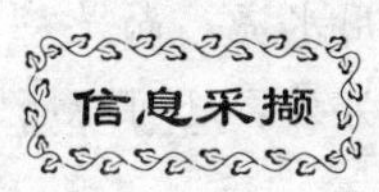

初起火灾的扑救

火灾初起时，燃烧面积小、火势弱，容易扑救。如果事先有所准备，能做到扑救及时、方法得当，就可以把火灾消灭在萌芽阶段。概括来讲，可以采用以下几种灭火方法：

---

① 徐德蜀. 教会孩子如何应对各种危险：开学第一课. 北京：北京出版社，2008.

1. 杯盖灭火

我们在给使用过程中的酒精炉或酒精锅添加酒精时容易引燃装酒精的容器。此时，千万不要慌张，不能用嘴去吹，更不要把容器摔出去，可以用茶杯盖或小碗碟盖在酒精盘上，使火焰因缺氧而自动熄灭。

2. 沙土灭火

如果火灾发生在野外，没有灭火器，使用水灭火又存在很大危险时，可以用铁铲铲沙土覆盖到火苗上，使火焰因缺氧而自动熄灭。

3. 湿布灭火

家庭厨房的液化石油气瓶容易起火，但初起火势往往不大，最好的灭火方式不是用水浇，而是用湿毛巾、湿围裙、湿抹布等直接将火焰盖住，将火闷灭，同时要快速关闭气瓶阀门。

4. 食盐灭火

食盐之所以可以灭火，秘密就在于其主要成分——氯化钠。在高温火源下，氯化钠可以迅速分解为氢氧化钠，快速吸热，同时吸收燃烧所需的部分氧气，火苗自然可以很快熄灭。

5. 锅盖灭火

锅中的食用油因温度过高起火时，千万不要用水浇，而是应该先关掉火源，然后迅速盖上锅盖，使火熄灭。另外，还可以将切好的蔬菜倒入锅中或从侧面倒入冷食用油。

当然，上述这些方法仅仅适用于火灾初起阶段，一旦火势变大，首先要做的是想办法逃生，然后在第一时间拨打“119”报警。

2. 其他突发事件

幼儿园突发安全问题是摆在每一位幼教工作者案头和心头的头等大事，据北京市儿童保健所对本市 67 所幼儿园的 1100 名儿童所做的损伤情况统计，在园儿童损伤的发生率为 1.7 例/10 万小时~2.7 例/10 万小时，也就是说一个规模为 400 名幼儿的园所，每年要发生大小事故15起左右，这些事故给幼儿及家庭都带来了极大危害。

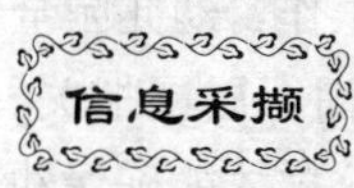

2004年8月4日，北京大学第一医院幼儿园15名儿童和2名教师在幼儿园被人砍伤。其中一名重伤儿童经抢救无效死亡。

2007年9月19日，武威市实验幼儿园因采购了带有“宋内氏志贺氏菌”的猪肉污染了的食物，造成307名幼儿不同程度出现发热、呕吐、腹痛、腹泻等症状而住院治疗。

2006年11月24日，丰台市某幼儿园，未满3岁的兵兵在幼儿园上厕所时，由于老师看护不利，将下唇摔伤。幼儿园老师赶紧将孩子送口腔医院救治，缝了10针。

2007年8月21日，佛山富景幼儿园因接车老师疏忽大意将一名孩子遗忘在校车上，造成孩子窒息死亡。

2007年8月22日上午，济南银座双语幼儿园5岁的吴梓钰被遗忘在封闭的班车内窒息而死。

2005年10月9日，潮安县磷溪镇仙田村“乐乐”幼儿园，因电视机从高约几十厘米的木柜上掉下，正好砸中在玩耍的两位小朋友的头部，造成一死一重伤的重大事故。

这一连串的伤亡数字触目惊心！近些年来，幼儿园食物中毒、火灾、车祸、突发人质危机、意外伤亡事故频频发生。幼儿园安全事故有的是因为幼儿园制度不健全造成的；有的是因为幼儿园设施、设备不安全造成的；有的是因为体罚和变相体罚幼儿造成的；有的是因为玩忽职守、工作责任心差造成的；有的是因为安全保障不利造成的；有的是因为不遵守规章制度和岗位职责造成的；有的是因为班级幼儿数量超编，保教人员不足造成的；有的是因为幼儿自身的原因（动作协调性差、不小心等）造成的等。虽然有的事故完全是意外事故，是防不胜防、不可避免的，有其偶然性，但也有其必然性。事故的发生与幼儿园的安全管理密不可分。幼儿园的安全工作是一项认真细致的工作，幼儿园全体员工都应把幼儿园的安全工作放在首位，自上而下层层把关，严格管理，加强突发事件的安全防护工作，只有这样才能确保幼儿身心健康成长，确保教职工的人身安全及利益。幼儿园的突发事故安全防护、安全教育的对策如下：

（1）从小处、细处入手，把安全工作做到位。幼儿园的安全隐患无处不在，我们只有把工作做仔细，才有可能避免安全事故的发生，做到早预防。因此，幼儿园在建立健全安全制度、制订安全工作计划时，力争做到制度要细，责任要明，措施要可行，这三者缺一不可。否则，有制度而无相应的责任人，就可能出现遇事相互推诿的现象；有制度而无具体的措施，制度就无法落到实处；有措施及相关责任人而无制度，一旦发生意外事故，会无“法”裁决。例如有的幼儿园对幼儿一日活动各环节提出了具体要求，细化各项工作标准，张贴在各班活动室，严格了管理制度，提高了工作要求，使大家有章可循。包括：值班、交接班、请销假、采购、饮食、门卫、班车、消毒等，细到剪指甲、关门窗、断电等，责任落实到人，由专人分管，随时检查。同时，幼儿园还设有各种应急预案和重大活动方案，尽力把工作中可能出现的安全问题事先想好，并制定出相应的解决措施。如：环境创设处处从幼儿安全出发，柜门、包边等无角无棱、台阶边缘全都打磨光滑、幼儿用品不允许有尖角、桌椅柜要牢固。开水、热饭怎样分发，地面什么时候擦不打滑等都是要反复考虑和衡量的问题，建设期间，每天安排多人值班，层层设岗，以保证万无一失。

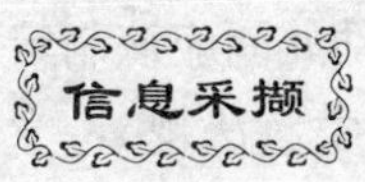

关键环节不放松

例如，一天中最易发生事故的环节多发生于来园、离园、户外活动、如厕、洗手、上床、吃饭时。首先要严格接待制度，严格执行“三检”。建立晨检记录，孩子用药情况记录，家长和教师共同填写，以消除误食药品的隐患。严格午检，保教人员密切配合，仔细检查幼儿的衣袋、角，不放过每一个不安全因素。在幼儿如厕、喝水时，在工作职责上要明确规定：保育员在厕所内，教师在厕所外配合组织幼儿，以免发生滑倒、碰撞、拥挤。户外活动时，对场地、幼儿衣服、鞋子都要做出详细要求，而且要求必须两人配合组织活动。离园活动时，要特别注意幼儿的接送制度。事先与家长约定正常情况下的接送人，新入园孩子的家长，必须持卡接孩子，孩子的任何亲属没有父母的事先要求一律不允许接孩子，避免接错孩子。另外吃饭时，为防止幼儿烫伤，孩子一律不准进入食堂，饭菜必须提前做好，保育员先把饭菜降温后才能给幼儿盛饭。安全制度的建立和严格执行，可以有效提高教师的责任心。头脑中的安全弦时时都绷得紧紧的，成为幼儿安全工作最有力的保障。

点评：除去针对幼儿园一天易发事件加强安全防护工作外，教师更应关注一年中最容易发生事故的九月份新生入园时和“六一”、“元旦”及园里有比较重大的庆祝活动时。九月份新入园的孩子情绪不稳定，哭闹极易发生，走失时有发生。因此幼儿园必须严格交接班制度和门卫制度，减少幼儿走失的机会。有重大节日时，幼儿情绪比较活跃，而且教师由于忙于准备活动，容易疏于对孩子的管理，所以易发生事故。因此，节日前夕，要求保教人员分工明确，任何时候都必须保证孩子在教师的监护下，以减少事故发生。

（2）注重学习培训，提高安全意识和技能。幼儿园应该制定严格的学习会议制度。学《规程》，学《纲要》，学《法规》，学安全事故案例、事件等，使广大教职工充分认识到安全工作在幼儿园的重要性，引起高度重视，而且要做到人人重视。幼儿园可采取“请进来、走出去”的办法，抓住所有机会进行安全参观和培训，切实提升教职工的安全知识和技能。例如，组织骨干教师参加安全系统举办的应急救护培训，主要学习有关心脏复苏、小儿发烧抽风的急救知识，并当场进行操作；组织班车司机及分管领导参加市教育局组织的安全工作会议，由交警同志讲解有关学生班车接送方面的安全知识及交通法规、播放交通事故案例，加强司机的职业道德教育；积极参加全市教育系统预防地震培训活动。此外，还可邀请消防队的教员来园对全园教职工进行消防知识讲座、培训等，从而使教职员工的安全意识、安全知识、技能得到提高。

（3）加强幼儿安全教育，增加社会实践活动和模拟训练。将安全教育纳入幼儿园的教学计划，除专门进行安全教育的主题活动外，还要将安全教育渗透、整合到其他的领域，可以在区角设置安全教育宣传栏，环境创设时增加安全教育的内容提醒孩子规范自己的行为。同时还要鼓励孩子参加社会安全教育活动，并为孩子创造参加的机会，提高幼儿自我保护意识。

许多安全知识仅靠讲解，孩子是很难掌握的，难以形成深刻的印象，只有幼儿亲自实践，才能真正学会自我保护。要经常组织幼儿参观各项安全防护设备、设施，组织幼儿进行逃生、自救等模拟训练，在社会教育中还可采用角色扮演法，让幼儿通过扮演相应角色，了解遇到困难和危险时的解决办法，提高幼儿自我保护意识和自我保护能力。

三、幼儿体育活动

蒙台梭利曾强调指出：“体育不仅有助于幼儿的身体发育和

健康，而且有助于锻炼幼儿的意志和发展幼儿之间的合作关系。”体育活动是增强体质必须采用的手段。体育活动可有计划、有系统地培养幼儿参加体育锻炼的兴趣和积极性，提高其对环境的适应能力，培养坚强、勇敢的个性品质，发展动作的协调性和灵活性。

（一）培养活动兴趣并养成习惯

《幼儿园教育指导纲要》指出：培养幼儿对体育活动的兴趣是幼儿园体育的重要目标，要根据幼儿的特点组织生动有趣、形式多样的体育活动，吸引幼儿主动参与。

“一首诗应该始于欢乐终于智慧。”这句话对于幼儿体育活动同样适用。“始于欢乐”，有趣的体育活动充满了吸引力，使孩子们乐此不疲；“终于智慧”，通过体育活动，孩子们不仅学到了体育相关知识、技能，也体验了技能习得的“艰难”，品尝了成功之后的“快乐”。

1. 利用幼儿好玩好动的特点

注意选择新颖有趣的教学内容，采取多种多样的、适合幼儿年龄并有吸引力的教法和措施，为幼儿创造一个富有乐趣的运动环境，使之能完成教师安排的种种练习，从而达到由好玩转化为要玩、想玩、会玩的目的。以滚球为例：小班幼儿对鲜艳的色彩有着强烈的感觉，对色彩鲜艳的球有着极大的兴趣，因此在进行小班滚球游戏时应选用色彩鲜艳并带有声响的、大的彩球进行滚球游戏，以促进幼儿体育活动兴趣的提高。同时，通过滚球运动走、跑结合促进幼儿四肢肌肉、韧带力量的增长以及关节柔韧性的提高。中班和大班幼儿的兴趣则转变为对球类运动的多样性，而且其身体协调性与灵敏性也较小班幼儿有了很大的提高。因此，对中班和大班的球类活动应以多样性为主，通过活动由易到难以及内容的丰富促进幼儿兴趣的培养，同时也通过体育内容的变化使幼儿的体育兴趣得到保持，促进体育活动持久性兴趣的建立，为培养幼儿体育兴趣奠定基础。

2. 采用幼儿感兴趣的方法

体育活动游戏化，是寓教于乐，激发和培养幼儿体育兴趣最直接的手段。幼儿对具体的、形象的事物容易感知，而对抽象的概念却不太感兴趣。他们特别喜欢听故事，并且喜欢把故事内容分角色在日常生活中表现出来。体育活动中单纯的动作练习不能引起幼儿兴趣，就是因为在他们的头脑中没有具体的形象。通过故事中的角色与情节来激发幼儿的体育运动兴趣是培养幼儿体育活动兴趣的重要方式。如在进行中班幼儿蹦跳活动时，单纯的跟随口令进行蹦跳，孩子很快便失去兴趣，不再进行练习。而通过模拟小白兔运萝卜的故事，一边放好塑料萝卜道具，一边则放好装萝卜的篮子，让幼儿在两边来回蹦跳运送萝卜，同时运送萝卜的幼儿还能够比赛看谁运送得多。这样的方式能够很好地激发学生的游戏兴趣，通过竞赛游戏达到培养幼儿体育运动兴趣的目的。

3. 提供幼儿感兴趣的材料

要充分利用场地和器材的条件，组织趣味性、多样性的活动，运用符合幼儿身心特点的组织方法，让幼儿体验参与体育活动的快乐，培养其对体验的兴趣。

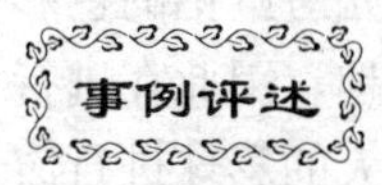

一物多玩

在晨间活动中，一根小绳子就能让幼儿自己想办法怎么玩。小朋友一定会想出许多大人也想不到的玩法来。教师先要发挥其主导作用，从中加以引导与指导，就可与孩子一起创造出一些不同的玩法，如把绳子当尾巴，玩抓尾巴，也可以玩拔河，还可以当马骑等。幼儿正是通过这种探究行为，在与环境交互作用的过程中形成一种与其自身特点相吻合的求新、求奇、求变的精神状态以及思维方式、独立观念与自主习惯，并在此基础上发展为各种创造能力。

体育活动中的材料最好能“一物多玩”，形成多种练习方式来促进幼儿多种动作的发展训练。例如平衡板，教师在幼儿能较好掌握身体平衡的基础上鼓励幼儿想出新的玩法，有的幼儿想出了两人合作保持一块平衡板的平衡，而后发展到群体合作保持多块平衡板的平衡，甚至还有的幼儿想出了利用平衡板发展跳跃能力。

除了体验之外，组织幼儿观看有关体育的影视节目，和幼儿谈论奥运会等体育活动的话题，介绍简单的体育知识和优秀的运动员，也会大大提高幼儿对体育活动的兴趣。幼儿体育运动兴趣的培养对提高幼儿身体素质，促进其动作协调性、灵活性有着重要的影响。由于幼儿心理特点使得其体育活动的开展需要具有年龄、心理的针对性，因此应激发幼儿的体育运动兴趣，以此促进体育活动的开展，达到提高身体素质的目的。

（二）组织户外活动和体育游戏

户外体育活动是在户外开展的，以教师直接或间接指导的集体活动和分散活动的形式，以基本动作、器械活动及各种体育游戏为活动内容的一种幼儿园体育活动的组织形式。幼儿户外体育活动一直受到国家教育部门的重视，并以条文的形式作了规定。《幼儿园工作规程》中明确规定：“幼儿每日户外体育活动时间不得少于1小时。”而《幼儿园教育指导纲要》中也明确规定，幼儿园应“开展丰富多彩的户外游戏及体育活动，培养幼儿参加体育活动的兴趣和习惯，增强体质，提高对环境的适应能力”。其目的在于强调每天要保证有一定的时间在户外组织幼儿进行各种活动，以便接受阳光、空气等自然因素的锻炼，提高幼儿的适应能力。

1. 有效组织户外活动和游戏，促进身心健康发展

（1）积极创设良好的活动环境。

幼儿园是孩子生活的乐园，而鉴于幼儿园户外活动形式多样

的特点，决定户外活动的设备、器材、玩具材料必须多样化，才能激发孩子的兴趣，满足孩子的实际需求。《幼儿园工作规程》明确提出幼儿园应配备必要的体育活动设施，添置户外活动的各种玩具器材，如跷跷板、小木马、摇船、荡秋千、蹦蹦床、多功能大型活动器械等。同时根据不同年龄孩子的需要，利用安全卫生的废旧材料自制不同功能的活动器械，如小班孩子喜欢色彩鲜艳、简单、可爱的玩具材料，可利用毛线、花布、包装袋、食品袋等，制作成“小流星”、“彩条”、“降落伞”、“飞盘”，一根彩条、一个彩色小飞盘等，孩子也玩得很开心。中、大班的孩子好奇心强，喜欢新奇、刺激的，可用各种多余的布料制作投掷的沙包、降落伞，利用报纸来制作风筝，利用橡皮筋、塑料圈、易拉罐、雪碧瓶、旧挂历等，制作成“拉力器”、“高翘”、“响铃”、“纸棒”等。此外，还可以因地制宜，依自然环境而设一些设施，在园里开辟种植园地，让中、大班孩子利用户外活动的时间种植一些常见植物，并时常给这些植物浇水，让孩子享受户外活动的快乐。户外自由活动时，可以让孩子三三两两在草丛中捉昆虫，让他们观察这些小生灵的形态、习性。当游戏设施与周围环境相融合时，孩子们会更自然、更加放松地投入到游戏中，充分享受户外活动的乐趣。

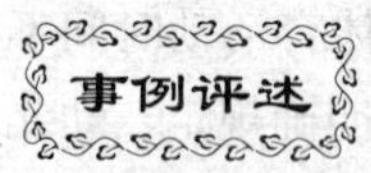

好玩的靠垫[①]

学情分析：

《纲要》指出，教育内容的选择，既要贴近幼儿的生活，又

① 教育部教育管理信息中心. 全国优秀幼儿健康教育活动课外评析. 重庆：西南师范大学出版社，2011：66~69.

要有助于拓宽幼儿的经验和视野。靠垫，为幼儿所熟悉，它色彩鲜艳，形状各异，是幼儿经常接触的好伙伴。在玩靠垫的过程中，幼儿既会感到亲近熟悉，又会发现新奇之处。本活动利用靠垫柔软、安全的特点，以游戏的形式引导幼儿，感受抱、躺、背、抛、爬、堆、推等动作。还设计了“我们去旅行”的游戏情境，通过有趣的游戏活动建立良好的师幼关系，为幼儿创设自由、轻松的活动氛围，让幼儿在游戏中体验，在玩耍中发展。活动内容的选择，既符合此阶段孩子的现实水平，又有一定的挑战性，充分体现了托班幼儿的学习特点。

活动目标：

1. 感知不同形状的靠垫，会用抱、躺、坐、背、抛、爬、踩、堆、推等多种方法玩靠垫，锻炼大肌肉。

2. 体验身体活动的乐趣，促进动作协调性和身体平衡能力的发展。

活动准备：

材料准备：各种靠垫，数量与幼儿人数相等；擦汗毛巾、手纸；录音机、《健康歌》磁带。

经验准备：班级幼儿有玩大沙包的经验。

1. 导入活动

(1) 在《健康歌》的音乐声中，幼儿随教师进入场地，围成一个圈。

师：我们一起来锻炼身体吧！

点点头，动动肩；
伸伸胳膊，转转手；
扭扭屁股，抬抬腿；
弯弯腰来，跳跳跳。

(2) 引导幼儿发现靠垫，并让每人拿一个自己喜欢的靠垫。

师：你拿的靠垫是什么颜色的？什么形状的？

一起来抱一抱、压一压、捏一捏、拍一拍、坐一坐。

师：有什么感觉？（很软、舒服）

分析：教师在组织幼儿进行体育游戏时，热身运动是必不可少的环节。以《健康歌》开场，一下子就把幼儿的注意力吸引过来，他们很自然地在欢快的音乐声中，愉快地跟着教师做起了准备活动，从心理上和生理上都进入状态。随后让幼儿自己发现靠垫、感受靠垫，对靠垫产生兴趣，这一环节也为后面的活动作了铺垫。从幼儿投入的表情中可以感受到幼儿对活动内容产生了浓厚的兴趣。

2. 调动身心

师：我们一起来玩靠垫好吗?

引导幼儿跟着教师用靠垫一起玩“藏猫猫”、“学小矮人走路”、“学小兔跳”、“抛靠垫”、“开碰碰车”等活动。（教师一边做动作一边引导幼儿说一说自己在做什么）

师：你们还愿意怎样玩靠垫?

让幼儿自由玩靠垫，教师注意观察幼儿的新玩法。

比如，看见幼儿坐在靠垫上向前移动，就问：“你是在划小船吗?”启发幼儿告诉其他小朋友自己在划小船，让其他小朋友也来模仿。

分析：用幼儿感兴趣的方式发展基本动作，提高动作的协调性、灵活性。本环节通过提问，使幼儿将自己的体验和感受融入游戏活动中，相互交流，互相学习。让幼儿自由发现靠垫玩法，使活动充满了童趣，激发了幼儿参与活动的积极性。

3. 集体游戏：我们去旅行

师：小朋友们，今天我们一起去旅行好吗?

(1) 坐火车。

引导幼儿将靠垫摆成长长的一排当做火车，请幼儿坐在自己的靠垫上面玩开火车的游戏，提问幼儿：火车要开到哪里去？引导幼儿大胆说出自己想去的地方。

（2）走小路。

引导幼儿慢慢地踩在靠垫上走，幼儿在教师的保护下学习掌握平衡。在游戏中，要提醒幼儿：走小路要慢慢走，两脚要踩稳，身体不要晃，两只胳膊要伸开。

（3）爬山洞。

幼儿一个接一个慢慢爬过靠垫。引导幼儿说：我在爬山洞，山洞好长啊！

（4）做只小乌龟。

教师出示小乌龟图片：看，我们遇到了谁？（小乌龟）原来小乌龟也在旅行，我们和他一起上山坡好吗？

引导幼儿将靠垫背在背上做只小乌龟。教师带领幼儿边走边唱：小小乌龟上山坡，嘿吆吆，嘿吆吆，背着面包和糖果，心里乐呵呵。

（5）堆小山。

引导幼儿用靠垫堆成一个小山。问幼儿：我们在堆什么？你们堆的小山高不高？小山是怎样堆成的？（下面靠垫多，上面靠垫越来越少）

（6）推小山。

引导幼儿将小山推倒，并说“我是奥特曼，一、二、三，嗨！我把小山推倒了”等句子。

（7）下雨了。

小朋友，天要下雨了，我们快点把靠垫当成小雨伞，撑着雨伞快快上火车吧。引导幼儿顶着靠垫“上车”，再有秩序地坐在靠垫上。

分析：根据托班幼儿活泼好动，基本动作发展较弱，坚持性差，注意力易分散的特点，创设了游戏化的情境，对幼儿的基本动作进行了强化练习。以“我们去旅行”为主线的七个小游戏，让幼儿以小游客的身份参与其中，能激发幼儿参与的主动性。孩子们被教师设计的活动吸引着，个个踊跃参加，在游戏中得到了充分的锻炼。

4. 放松活动

引导幼儿坐在靠垫上，敲敲腿、拍拍手臂、敲敲前面小朋友的后背，然后，模仿开火车的动作离开场地。

分析：放松活动中，让幼儿坐在靠垫上，相互敲敲后背，增进了孩子们之间的关心和交流，使活动在愉快的气氛中圆满结束。

本活动设计思路清晰，采用了“热身—尝试（一物多玩）—发展基本动作—游戏巩固动作—放松活动”的活动流程。生动有趣的游戏情境，使幼儿在积极主动的状态下，全身心地投入到活动中，掌握了背、抛、爬等基本动作。活动各环节联系紧密，适合托班幼儿的学习特点，充分调动了幼儿参与活动的积极性。

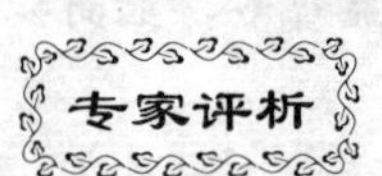

活动设计完全从幼儿实际出发，新颖、有趣、安全系数高，非常适合托班幼儿的年龄特点以及身心发展的特点。活动环节设计体现了“趣味”性，活动形式凸显“游戏”性，激发了幼儿的学习兴趣，坚持了“既要尊重幼儿的主体地位，又要发挥教师的主导作用”的理念。

靠垫多变的形状、鲜艳的色彩与好玩的游戏结合在一起，激发了幼儿的学习兴趣，既符合幼儿身心发展的需要，也容易调动幼儿参与的主动性和积极性。教师给幼儿提供了较大的自由发挥余地，让幼儿在玩的过程中充分感受、表达，实现有效的师幼互动。在开心的尝试与探索、主动的感受和交流中，教师既定的活动目标得到一一实现。

(2)注重活动的科学化与兴趣化。

开展户外锻炼活动，一般以体育游戏为主，有时也在户外穿插进行一些运动量较小的游戏，如角色游戏、智力游戏等。科学的体育活动，能提高孩子基本活动能力和运动技能，从而达到锻炼身体、增强体质的目的。

如体育游戏《龟兔赛跑》，在活动前做好充分的准备工作，如活动时的相关音乐、游戏中的角色头饰、场地的布置等，活动开始时要特别注意孩子的准备活动，练习自编操，让身体各部位都动起来，然后给孩子们戴上可爱的头饰，另外给兔子戴上白手套，给乌龟背上贴一个塑料袋当“龟背”，“领奖台”用积木搭建而成，途中用积木搭建两个矮矮的“拱门”，让“乌龟”练习钻的动作，设置两个路障，让“兔子”练习跳的动作。活动时把孩子分成若干小组，这样就减少了孩子等待的时间，孩子对活动形式、过程都很感兴趣，都争抢着轮换角色进行比赛。活动中，始终以幼儿身心发展特点为前提，遵循动静交替原则，控制和调节幼儿的活动量。通过游戏活动不仅发展了孩子的身体动作，也有助于孩子形成顽强、自信、团结友爱的品质及集体荣誉感。

(3)关注个体差异，做孩子的引导者和游戏伙伴。

教师尽力站在孩子的角度，理解孩子独特的感受方式，同时在整个游戏活动中，教师扮演的角色不仅是引导者而且是富有童心的游戏伙伴。对于胆小、不爱动的孩子，或动作笨拙的孩子，应该鼓励或带动他们一起活动；对于需要帮助的孩子，应进行适当的指导。例如孩子在跨跳活动中，我们把小河的宽度设计得有宽、有窄，能力强的孩子可以在宽的地方一跃而过，能力差的可以在窄的地方跨过而不会踌躇不前，让每个孩子都能跨过小河，在原有水平上得到发展，同时也增强了他们的自信心。又如，进行“抛接球”的活动中，教师也有意识地在地上设定相距不一的线段标记，便于孩子根据自己的实际能力进行活动。通过观察，教师在了解每个孩子实际水平的基础上，有目的、有针对性地进行指导，让孩子各有选择，照顾到不同水平的孩子，以达到活动的最佳效果。

(4) 给孩子更多的“自由”。

在户外自由活动中，老师除了有意识地组织一些游戏活动外，还应给孩子更多的自由活动时间与空间。每天都会给孩子安排大型玩具玩耍，打破年龄、班级的界限，扩大幼儿之间的接触与交往，使孩子在活动中相互影响，共同进步。老师在孩子活动时要多注意观察孩子，认真关注孩子的情感、态度、积极性，给予引导而又不要过多的干预。同时也可让孩子根据自己的爱好，自由选择运动器械、自制体育玩具，自由结伴，让孩子能在快乐、有趣的环境中进行交流和分享自己发现的信息，使孩子真正成为活动的主人，以便更好地去实践和探索。

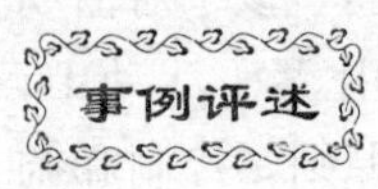

使用材料增强儿童对体育活动的兴趣[①]

某小班幼儿在练习跑的基本动作时，老师给他们提供了沙包、球等，但总觉得孩子们跑得不够积极。老师偶然发现孩子们喜欢上弦老鼠玩具。当上足了弦的老鼠满地跑时，孩子们又叫又笑，边追边喊。于是，老师们做了一只想象逼真、色彩鲜艳的蓝布老鼠。布老鼠在体育活动中一亮相，孩子们立刻被吸引住了。老师拉着老鼠跑，孩子们跟在后面边喊边追。一会儿，大老鼠就被跑得快的孩子追上了，他们踩（揪）下了老鼠尾巴，好得意！但有些跑得慢的孩子，每每只能抽空摸摸老鼠尾巴。渐渐地，他们退出了游戏，站在那里成了“观众”。为此，老师们又准备了另一只黄颜色布老鼠。活动时，拖着黄老鼠的老师跑得快一些，

① 学前教育，2001 (12).

方向变化多一些；而拖着蓝老鼠的老师跑得慢一些，变化少一些。跑得快的孩子就去追黄老鼠，而跑得慢的孩子自然就去追蓝老鼠。全班孩子都跑跳运动起来了。

评价：给孩子投放的材料注意了形象逼真、色彩鲜艳，使孩子们容易投入到游戏情境：有的孩子把布老鼠当“敌人”，追着喊打；有的把布老鼠当“宠物”，追着去保护。为充分满足孩子的“强有力”能力感，老师特意把老鼠尾巴设计为活动的，孩子追上后，可以踩（揪）下尾巴获得成功感。这种设计和投放材料的方式，让孩子们在充分的想象中享受了游戏的快乐，因此，孩子们都主动地参与了活动。

（5）加强安全教育，提高自我保护能力。

在给孩子更多自由的同时，还要特别关注幼儿的安全。户外场地活动范围较广，幼儿四处分散活动时，教师的视线不能顾及每个幼儿。因此，在活动前要尽可能预计到可能出现的不安全因素。活动前，老师要检查幼儿的仪表，交代活动规则和有关安全事项，增强自我保护意识。活动中，要注意调节幼儿的运动量，要巡回走动，善于观察幼儿的活动情况，及时纠正幼儿的危险动作，耐心倾听幼儿的诉说。发现问题时，要及时进行必要的安全指导和安全教育。例如，有些幼儿在练习投掷时，没有按指定的方向投掷，也不注意同伴所在位置，老师必须及时制止，并通过教育引导幼儿在安全的活动环境中练习，让幼儿乐意接受。这样既满足了幼儿的兴趣需求，也发展了身体的基本动作，增强其安全意识。总之，教师要做有心人，时常鼓励引导幼儿积极主动参与户外活动，充分发挥户外活动相对自由、自主、轻松愉快等优势，发展幼儿的身体动作，增强幼儿的体能，以更好地促进幼儿身心健康和谐发展。

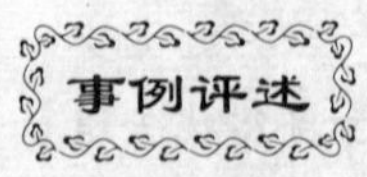

幼儿体育游戏两例[①]

1. 老猫睡觉醒不了

活动目标：幼儿学会轻轻走、跑和躲藏。

活动准备：头饰，游戏前教幼儿学会儿歌。

游戏玩法：教师扮演老猫，蹲在场地中央。幼儿扮小猫，围着老师蹲下。

游戏开始，老师说："老猫睡觉醒不了。"小猫一起轻轻念儿歌："老猫睡觉醒不了，小猫偷偷往外瞧，小猫小猫爱游戏，轻轻走到外边去。"念完儿歌，小猫才能轻轻地走到场地的周围藏起来。老猫听到小猫走开后，睁开眼睛说："老猫醒了四面瞧，我的孩子不见了。"同时站起来四面张望，寻找小猫嘴里叫："喵——喵。"小猫听到老猫的叫声，赶快跑到老猫的身边。

游戏规则：①念完儿歌后，小猫才能躲藏；当听到老猫的叫声，小猫才能跑出来。②小猫躲藏时必须轻轻地走。

注意事项：①要指定幼儿活动的范围，以防走得过远。②幼儿熟悉玩法后，可让幼儿扮老猫。

2. 传统体育游戏：捉龙尾

活动目标：①追逐目标和集体协调地躲闪。②激发幼儿对传统体育游戏的兴趣。

活动准备：①参加人数：6 到 10 人；②场地布置：幼儿活动场地。

游戏过程：参加者选一人做龙头，一人做捉龙尾者。其余人一个接一个地拉住衣摆接在龙头后面做龙身，最后一人就是龙尾。

---

① 刘馨. 学前儿童体育. 北京：北京师范大学出版社，2009.

游戏开始时，龙头与捉龙尾人对话：

捉者　　　　　　　龙头

我要吃龙头，　　　龙头有角。

我要吃龙中，　　　中间有刺。

我要吃龙尾，　　　一拖拖你下水。

对话一完，捉龙尾者便两边移动跑，寻找捉住龙尾的机会。龙头千方百计地挡住捉龙尾者，龙身龙尾一串人很快地跟着龙头移动跑，以防被捉住。注意龙身不要脱节。如果做龙尾的被捉住了，要自动退下，另一名在最后的自然成为龙尾。

创新玩法：创新玩法是龙头看到龙尾跑不动了，就原地蹲下，后面的龙身和龙尾一起蹲下。捉龙尾者看到龙尾蹲下了，就不能再捉了。

2. 引进民间体育游戏，有效促进幼儿健康发展

幼儿民间体育游戏是广为流传，深受幼儿喜欢的游戏。幼儿民间体育游戏内容广泛、无所不包：跳皮筋、跳竹竿、打纸牌、跳房子、踢毽子、挤人、夹包、打球、跳绳等可发展幼儿走、跑、跳、踢、投、掷、平衡、钻爬、躲闪等大肌肉活动；翻绳、挑棍、抓石子、打拐等能发展幼儿手的小肌肉群和手眼配合协调能力。诸多活动，孩子们可集体游戏，也可分组玩耍。民间体育游戏丰富多彩的内容给孩子的生活增加了神奇的色彩，开拓了广阔的游戏天地。

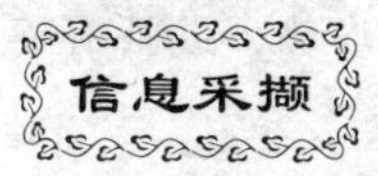

传统游戏[①]

滚铁环　随手捡起一个废旧的车轮，或者用一根铁条做成一

① 游戏：传统. 新华日报，2007－05－17.

个铁环，再做一个带钩的手柄，推着铁环就可以上路了，速度可快可慢，还可以随时调整方向，在乡间的小路上，田埂上，赤脚飞奔，只有风呼呼地从耳边拂过。

锤咚锤　“锤子”、“剪刀”、“布”，孩子在面临选择时往往没有大人那么复杂，两人意见发生分歧就用“锤咚锤”来解决。两人对坐一起，嘴里喊着“锤咚锤”，同时伸出手，锤子打剪刀，剪刀剪布，而布可以包锤子，在孩子的世界里，这就意味着公平。

过家家　一帮小孩子，大家一起扮演家庭中的各种角色：爸爸、妈妈、哥哥、姐姐、弟弟、妹妹等，而道具可以自己动手做，用纸折成的小碗，木头搭成的桌子、板凳等。

打弹子　打弹子，又叫弹玻璃球，男孩子玩得较多。一人在前任意弹出弹子，另一人在后跟进，互相追击，先击中对方者为胜。那种成败一指间的紧张令人回味不已。

翻绷绷　也叫玩绷绷、翻股、解绳、挑花线。冬日里，两个女孩儿各自搬张板凳在暖暖的阳光下相对而坐，一人双手手指持一米长两端相连的线绳，双手手指缠绕变化，另一人双手手指相接，并翻成另外一种花样，相互编翻，变化出锯子、揭年糕、床单、过山、猪头、燕子窝等不同造型。

斗鸡子　这是一种角力型游戏，冬天玩上一会，便能让冰冷的身体热乎起来。玩法也很简单，两人分别以左手抱小腿，右手抱大腿，膝盖朝前呈鸡子状。游戏时一方膝盖向对方膝盖冲击，也可用膝盖挤压对方的膝盖。游戏中不能保持原姿势，或虽有姿势却无力进攻者为负。

传统的民间游戏具有以下特点：

（1）浓厚的趣味性。

幼儿民间游戏符合幼儿好奇、好动的特点，能够让他们玩中乐、乐中学、玩中有得、玩中有创，更好地促进他们的全面发展。例如在玩夹包跳时，采用小兔采蘑菇的游戏，让幼儿模仿小兔，一边念儿歌，一边练习夹物并脚跳，幼儿非常投入其中，积极性很高。再如，“投篮”、“运西瓜”、“月亮和地球”、“赶小猪”等游戏运用的就是一个简单的篮球。有趣的游戏情景，充分调动了幼儿的积极性，让幼儿化被动为主动，充分体验了玩的乐趣。如：“捉迷藏”、“丢手绢”、“老鹰捉小鸡”、“打陀螺”等游戏，充满了新奇、期盼的等待和追逐；“官兵抓贼”等游戏，则使幼儿各有分工，充满幻想，通过对不同角色的模仿，使儿童过了一把表演瘾。儿童能从这些游戏中体验到各种欢乐。

（2）开展的随机性。

幼儿民间游戏的开展具有很强的随机性，它往往不受人数、年龄、场地和时间局限，不论何时何地，幼儿都可以自由地玩耍。如：晨间活动及离园活动等，可以让幼儿玩“鸡吃虫”、“老虎吃小孩”、“指鼻子”、“撒木棒”等；户外活动时，让幼儿玩“跳皮筋”、“老狼老狼几点了”、“荷花荷花几月开”、“打宝”、“石榴花儿遍地开”等。

（3）材料的便利性。

幼儿民间游戏内容丰富，取材方便，简便易行，有的是徒手进行的，有的只用幼儿的手、脚或身体的某个部位、某个动作就可以玩。玩具也十分简单、廉价，都是来自于生活，来自于大自然，是自然的材料及半成品，如水、沙、石、泥、废油漆桶等。这些材料物美价廉，许多是不需要花一分钱的。由于它们没有固定的形式，不具体代表某一物体，儿童在游戏时能根据自己的兴趣和需要，随意地将材料加以创造想象。如：把一小截残缺的木头当小手枪，玩打枪游戏；用破布、铜钱作成“毽子”踢；用块残瓦片“跳瓦房”等。有一些儿童游戏本身不需要玩具，如：“顶腿”、“单腿蹦”、“捉迷藏”、“背人”、“木偶人”等，都是利用儿童的肢体进行的。

（4）创作的主体性。

幼儿民间游戏是民间孩子自己创编的活动，易学、易会，儿童在民间游戏的进行过程中始终处于积极主动的地位，从游戏的选择、角色的分配、玩具材料的准备到游戏情节的发展，都由儿童自己来完成。游戏内容易懂易学，幼儿玩起来竞争激烈，趣味盎然，其乐无穷；竞争中有合作，合作中有竞争，合作、竞争、守规则伴随游戏始终。

（5）鲜明的民族性。

幼儿民间游戏具有鲜明的民族特色，由于民间游戏所表现的内容往往是人们日常的生活，并且游戏中所配有的儿歌一般都是当地的语言，这些都使得民间游戏具有相当明显的民族性。如“城门城门几丈高”、“炒盐豆炒钢豆”。

将民间体育游戏与幼儿园体育活动相结合，可以更好地完成教育目标。如“跳房子”游戏，幼儿在用沙包为材料进行游戏时，需要先用手准确地投掷沙包，然后用脚跳进“房子”，用双脚夹带沙包向前抛，跳出“房子”后再用双脚高投沙包并用手接住。整个游戏过程中，幼儿的投掷、跳跃、平衡、手眼协调、手脚协调等能力都能得到锻炼，我们将这一游戏融合到相关联的幼儿园体育活动中，使幼儿的体能得到了很好的发展。而跳绳则发展了幼儿的速度、力量、灵敏、耐力和柔韧素质等。由于民间体育游戏的简单、易操作，幼儿园各体育目标可融会贯通于其中，幼儿在学会游戏的简单玩法后，可以在反复游戏中达到锻炼提高运动能力的目的。

根据孩子的年龄特点，我们可以采用不同的活动形式开展民间体育游戏。我们主要利用兴趣小组活动、集体活动、区域活动、大带小活动、自由活动、亲子活动等不同的形式组织活动，以满足不同孩子的不同需求。

（三）进行动作训练和身体锻炼

1. 基本动作训练

身体锻炼，也称身体练习。动作练习是身体锻炼的基本手段。根据学前儿童的年龄特点和身心发展水平，适合于学前儿童的动作练习主要包括以下四个方面：①基本动作练习（走、跑、跳、投、攀、钻、爬）；②基本体操的练习（徒手操、轻器械操和队列队形的练习）；③体育游戏；④运动器械的活动。

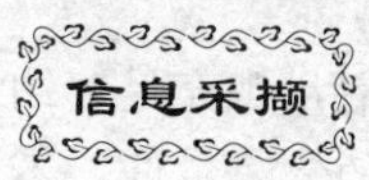

儿童体能发展的阶段性

儿童体能的发展是有阶段性的。两岁的幼儿已能完成坐、立、行、走、爬、跳等所有基本动作，但上楼梯较为笨拙。这时的幼儿手指运用已接近成熟，能手眼配合灵巧地叠起多块积木。

到了3岁，幼儿的大肌肉发展较快，身体动作也比以前协调，一般都喜爱跑、跳和踏三轮车。有一部分刚进入此年龄段的幼儿上、下楼梯时，仍要双脚踏在同一阶梯后，才能继续前进；但3岁半以后，都能双脚交替前行了。

4岁幼儿的手指已较灵活，可以使用画笔或剪刀画简单的圆和做简单的剪贴；也能自己穿脱衣裤、扣纽扣、刷牙、穿鞋袜。此时，他们的体力增长，跑、跳、攀爬、单脚站立、抛接球等基本动作都很熟练，还可以步行较长的一段路。

5岁的幼儿能自如地控制手腕，能折纸和熟练地用剪刀，会使用筷子挟菜吃饭。他们的一些运动速度已与成人类似，行走、跑跳相当稳健，可自如地在一条窄线上行走，不再左右摇摆。同时，他们攀、爬、滑、滚等运动的技巧已相当纯熟。幼儿体能活动的重点在于为他们提供大量的感知觉动作经验，促进姿势与动作的发展与成熟，并奠定未来生理成长与功能发展的基础。因此，对幼儿的体能训练不能操之过急，要在适合其身体基础抗重力肌肉群功能建立之后，再循序渐进地增加刺激与训练。

2. 利用自然条件进行锻炼

利用自然因素进行空气浴、日光浴和水浴锻炼是幼儿体育锻炼的有效形式。空气、日光和水等自然资源取之不尽，利用这些因素进行锻炼，不需要特殊器材，又易被幼儿接受，可增强幼儿机体的抵抗力，磨炼意志，提高对自然环境的适应能力。

（1）利用“三浴”，增强幼儿身体抵抗力。

空气浴：空气中含有氧气，越新鲜的空气含氧量越充足。幼儿最适宜的气温平均为20℃～22℃。14℃～20℃的气温过低，不宜作空气浴，30℃以上为炎热也不适宜。空气浴一般先从室内锻炼开始，时间由2～3分钟逐渐增加到1～2小时。习惯于室内温度后，可到室外进行。夏季每日一次，冬季隔日一次。空气浴要在小儿精神饱满时进行，患病时停止。

日光浴：阳光中有两种射线，一种是红外线，当照射人体后，可使全身温暖，血管扩张，增强人体抵抗力。另一种是紫外线，照射到人的皮肤上可以促使皮肤上的胆固醇和麦角醇转变成维生素D，帮助小儿吸收食物中的钙和磷，使骨骼长得结实，预防和治疗佝偻病。孩子在2个月以后，每天应安排一定的时间到户外晒太阳。时间最好是上午9～11点，下午3～6点，气温以20℃～24℃为宜。晒太阳时尽量让孩子少穿衣服、身体大部直接接触阳光。要避免太阳光直射头部，可戴上草帽或白布帽。

水浴：长期用低温的水洗手、洗脸、洗脚，可以加强身体对外界冷热变化的适应能力，因为水的传热能力比空气高28～30倍。热水和较强的水流刺激全身或局部皮肤，可以促进血液循环和新陈代谢，增强体温的调节机能。从暖和季节开始训练到冬季，逐步适应。有条件的可带三岁以上的孩子去游泳，使身体匀称、协调发展，还可以培养孩子勇敢、顽强的意志。

（2）开展幼儿“三浴”锻炼的要求。

要有严格的计划性和时效性。在选择活动内容时，必须以幼儿为主体，既要照顾幼儿身心发展的需要，又要考虑幼儿的个体差异和对外界环境变化的适应能力。每个锻炼项目的锻炼时间、活动量要根据幼儿的实际情况灵活掌握，锻炼效果要做追踪记录；每天的活动内容要做周密的安排。还要根据季节、天气的变化随时调整活动内容。

表 1 不同年龄的幼儿选择不同的活动内容

班级	年龄特点	适宜的运动
小班	动作不稳定，身体较娇嫩	中等的，有情节的模仿性游戏
中班	身体长得比较结实，动作较稳健	以发展基本活动能力为主的游戏
大班	身体强壮，活动量增强，运动能力较强	采用带对抗性、竞赛性的游戏和器械活动

表 2 不同的天气选择不同的活动

天气状况	活动内容
气温高、阳光猛烈	轻松、愉快、活动量小
气温高、风力大	运动量大

要循序渐进，注意防护。个别幼儿每天的活动量要根据具体情况适量增减，全班幼儿的活动项目要配合正常的早操、体育游戏等教学内容协调开展。幼儿洗完澡后，要及时擦干身体，注意保暖。要做好每次活动之后幼儿情绪、进食量、睡眠、疲劳程度等情况变化的记录，适当调节活动量和活动内容。

在活动过程中密切留意幼儿的反应，如发现幼儿在活动中出现呼吸急促、出汗量大、脸色涨红、精神疲乏等现象，表明活动量大，应及时调整控制活动量，反之则加大活动量；如发现幼儿情绪低落，活动兴趣不大，就调整游戏内容，选择幼儿平时爱玩的活动，而对个别体弱和身体不适的幼儿应适当控制其运动量，并及时给予必要的帮助和保护。

此外，春夏季一般在早上 9 时至 9 时 30 分开展活动，夏季有时提早至 8 时 45 分，而在秋冬季则选择 9 时 30 分至 10 时这一时间段，活动时间一般控制在30分钟以内。在夏季利用幼儿园的游泳池开展水浴，并稍延长水浴时间，春秋季采用冷水淋浴，冬季则选择湿巾或干巾擦浴，天气寒冷时则适当采取穿衣活动，并删除水浴环节。

长期的三浴锻炼，能使幼儿的身体各系统功能健全，体格发育指标处于同龄儿童的较高水平，幼儿精力充沛、精神饱满、活泼愉快、反应敏捷、食欲好、睡眠安稳、对外界环境变化适应力强，抗病能力增强，发病减少，而且能促进幼儿身心和谐发展和全面发展，有效提高幼儿的整体素质。

第三章 幼儿健康教育活动的组织形式

幼儿的知识经验和技能，需要通过操作材料在情景实践中获得，也需要在与人互动的过程中学习，因此，幼儿健康教育中“幼儿园的空间、卫生设施、活动材料、体育器材和卫生常规要求等，有利于引发、支持幼儿对健康活动的探索，有利于引发、支持幼儿与周围环境之间积极的相互作用”。“为儿童提供丰富的健康的环境和机会，鼓励儿童主动地去思考、去推理和解决问题”，有利于增强幼儿的健康意识，养成健康习惯。

一、健康教育融入幼儿生活

幼儿本身是一个有机整体，其各方面的发展是相互联系、相互影响的。陈鹤琴先生说过：“儿童离不开生活，生活离不开健康教育，儿童的生活是丰富多彩的，健康教育也要把握时机。”因此，幼儿健康教育应当在盥洗、进餐、清洁、睡眠、游戏等幼儿一日生活各环节渗透健康教育理念，实施有效的健康教育。例如，在洗手时让幼儿了解讲卫生的重要性；在户外活动荡秋千、滑滑梯时，了解如何保护自己等。

（一）依托日常生活事件

实施健康教育要积极探寻日常生活中幼儿健康教育的特点和规律。意大利著名幼儿教育家蒙台梭利主张从日常生活的训练入手，配合良好的学习环境与丰富的日常生活用品，让幼儿自发主动地学习，养成独立思考、自我教育的良好品质。

1. 在晨间检查中实施健康教育

幼儿园的晨间检查、全日观察是班级日常性卫生保健工作的一个重要内容。

幼儿时期身体机能不够完善，生命脆弱，加之刚进入新的环境，会产生一些不适。学前班教师每日要对全班儿童进行晨间检查和全日观察，了解每个儿童的身体和精神状态等健康状况，及时发现和处理异常情况，并在全面观察了解情况的基础上，对儿童给予个别照顾。

教师在对幼儿进行晨间检查时要注意幼儿健康状况，及时发现异常及时处理。一般有四个环节，即一测、二看、三问、四查。

一测：测量体温；

二看：看咽部、皮肤和精神情绪状态；

三问：通过问询，了解幼儿的饮食、睡眠及大小便情况；

四查：检查有无携带不安全物品等。另外还要注意观察幼儿耳朵、鼻子、口腔等，看有无异常情况。

晨检和日常经常性的健康检查、观察，除了了解幼儿有无疾病先兆、身体异常、精神失常外，还应注意掌握幼儿每天的生活卫生状况，并提出相应的要求，使儿童逐步养成健康生活的方式和行为习惯。如每天洗脸，保持手脸清洁，带手绢，常剪指甲，服装整洁等。

晨检和全日观察应形成制度，坚持每天进行，以便及时发现隐患，有效预防疾病，促进儿童健康。可设晨检簿，对儿童健康情况和采取的措施加以记录。学前班如实行半日活动制度，就要对幼儿进行午检。学前班教师要注意掌握幼儿缺勤情况，及时了解原因，如果是传染病，就要及时采取适宜措施。

2. 在一日生活过程中培养卫生习惯

心理发展是多种因素综合作用的结果，健康的心理是通过生活的各个方面协同培养的，因而，生活活动是幼儿心理健康教育的重要组织形式。父母在一日生活中，应该与孩子多接触，引导其情绪健康发展；多带孩子出去，使之与其他成人及同伴广泛接触；合理搭配孩子的饮食结构，养成定时排便等习惯；鼓励孩子多运动，多探索；保持良好的情绪和精神状态，端正自身言行举止，为孩子提供模仿榜样。在日常生活中，教师要善于抓住时机进行随机教育，训练、巩固幼儿习得的知识和技能，并有目的地渗透心理健康教育。针对不同气质和性格的幼儿，教师要认真观察，采取适当方式区别对待。对待爱表现、攻击性强的孩子，要适当约束；对待性格内向、内心敏感的孩子，要积极鼓励，使每一个幼儿都能得到全面健康的发展。在日常生活中，教师也要注意自己的言行举止，这种榜样示范作用是潜移默化的，幼儿很容易以教师为模仿对象，习得一些好的或不良的社会交往技能，形成一些行为习惯和观念，影响其心理发展。

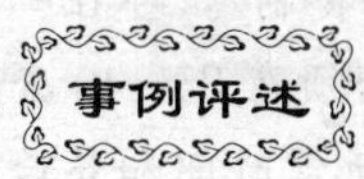

进餐的“讲究”

愉快进食——泸县某幼儿园老师，允许孩子在进餐时表达自己的愿望或与同伴进行短时间轻声的交流，“请老师再给我加点菜”，“老师，饭太烫”，“这个饭真好吃”，“啊，这菜里有瘦肉、有青椒，还有胡萝卜呢”，等等。我们发现，幼儿进餐时，适度地交谈，会心情愉快，不仅有助于增进食欲，也有利于幼儿在生理和心理上的全方位发展。

吃饭嚼嚼嚼——有的孩子不会正确咀嚼，教师可以用手摸摸他两颊，让他观察老师的动作，知道用正确的牙齿进行咀嚼。在教师的观察引导及榜样示范作用之下，孩子逐渐学会了咀嚼、学会了干稀搭配、学会了饭菜搭配、学会了不掉饭菜等，每一个孩子的进餐能力在原有基础上都得到了不同程度的提高。

我是进餐小主人——我们让大班的孩子通过集中教学和活动区活动制订自己喜欢的食谱，并用自己喜欢的方式进行展示，然后请保健医生定夺。当孩子们知道自己的方案被采纳之后，吃着自定的饭菜格外的香。经过这样的过程，他们逐渐明白了营养的合理搭配，知道不能挑食。

我来盛饭——改变由保教人员盛饭的模式，让孩子尝试为自己盛饭。我们为大班和学前班准备了孩子专用的饭勺，鼓励孩子根据自己的食量盛第二、三碗饭菜。孩子对这样的做法感到新奇，老师也乘机进行爱惜粮食和节约粮食的教育。一段时间下来，孩子知道了吃多少，盛多少。

套餐制度——在大班和学前班实行“套餐制”。通过观察我们觉得大班孩子进餐速度两极分化现象突出，如有保育保健的孩子5分钟就吃完，有的孩子则需要40分钟到1小时左右。针对此情况，大班组研讨出了有效的办法：实行“套餐制”，即在一定的要求下（进餐和餐后活动共45分钟，进餐必须在25～40分钟之间），由教师引导孩子自己制定、选择进餐所需时间和餐后活动时间，按照自己制定的标准吃得快的孩子放慢速度，吃得慢的孩子提高速度，达到了合理的需求，教师及时给予表扬和鼓励。为孩子提供可供选择的多样食物。早餐，我们每天提供2～3个品种且营养成分均等的主食供幼儿选择，孩子可以自己选择喜欢的主食与牛奶、粥、花生、大枣进行搭配。每月全园开展一次自助餐活动，提供多种西点、中餐，孩子自己选择喜欢的食物。

组织专题活动

——尝尝看特别香①

活动目的：

让幼儿了解四种特殊味道蔬菜的名称和营养价值。

---

① 参见中国教育文摘，http://www.edUzhai.net.

活动过程：

师：今天，我们请来了几位小客人，这些小客人经常在我们的饭桌上出现，来看看它们是谁？依次呈现：胡萝卜、芹菜、香菇和蒜头，并启发幼儿与蔬菜宝宝互相问好。

师：小朋友们，你们喜欢这些蔬菜宝宝吗？我们用小鼻子去闻一闻它们身上有什么味道。

（幼儿四散闻一闻，教师问幼儿："你闻到了什么味道？"）

师小结：小朋友都用鼻子闻了闻，知道这些蔬菜都很香，但每一种菜的香味都不一样，你们喜欢吃这些菜吗？

师：这些蔬菜宝宝经常到我们的饭桌上来。有的小朋友喜欢吃，有的不喜欢，它们可喜欢小朋友了，你们想不想知道它们在说些什么？一边看实物木偶表演一边提问，让幼儿了解四种蔬菜在人体中的特殊作用。

胡萝卜宝宝说："我是胡萝卜宝宝，小朋友要和我做朋友，吃了我以后，你们的眼睛会变得更加明亮。"胡萝卜宝宝刚说完，香菇宝宝跑上去说："我是香菇宝宝，我身上有许多的营养，吃了我，身体会更加健康。"芹菜宝宝也抢着说："我是芹菜宝宝，小朋友吃了我以后，就可以天天大便了。"蒜头宝宝头抬头说："可别忘了我，吃了我以后，你们就能少生病。"

教师边看边提问：吃了胡萝卜宝宝，我们的眼睛会怎样？吃了芹菜宝宝，会怎样？香菇宝宝身上有什么？吃了香菇宝宝身体会怎样？吃了蒜头宝宝，会怎样？

师小结：我们知道了这些蔬菜有许多营养，经常吃，对我们的身体有好处。你们看，胡萝卜宝宝、香菇宝宝、芹菜宝宝、蒜头宝宝又到班上来了，我们一起来尝一尝吧。引导幼儿品尝四种蔬菜，鼓励幼儿用牙齿咀嚼食物，鼓励幼儿吃完。

延伸活动：

①可将实物胡萝卜、芹菜、香菇、蒜头制作出蔬菜宝宝，拼成"鱼"图案或其他图案，以激发幼儿食欲（切成花状的胡萝

卜、油炸香菇、凉拌芹菜、糖醋蒜头)。置于碟中,每碟中每种食物一片或一份。

②有特殊味道的菜还有很多,如洋葱、香菜、豆腐等。教师可根据实际情况加以选择。

③建议家长在家庭伙食中多用上述食物。

点评:教师在充分了解幼儿饮食特点的基础上,有针对性地设计这次活动,使得本次活动教育效益较高,教育价值充分显现,幼儿在活动中受益匪浅。本次活动的教育目标清晰、具体,有较强的操作性。过程的三个环节紧紧围绕着目标,环环紧扣,层层深入。通过引发兴趣,积极感知及自身体验让幼儿明白自己吃这些食物的好处,从而加深对这几种食物的认识,幼儿从“不喜欢吃”变成“我爱吃”,健康态度明显转变,健康行为得以强化。

本次活动的构思巧妙,寓教育于娱乐中,采用情景表演的形式,让蔬菜娃娃来说服,让幼儿在不知不觉中得到健康知识,非常适合幼儿年龄特点。让幼儿爱吃常见的几种营养价值高但有特殊味道的蔬菜,让幼儿知道了这几种蔬菜在人体中的特殊作用,初步培养其不偏食的良好习惯。

如厕中的健康教育。如厕是幼儿园一日活动中的重要生活环节,它能反映孩子最基本的生活自理能力和卫生习惯。对于年幼儿童,控制大小便的能力说明了其生理的成熟度和对自我生理需要的认知能力。养成文明的大小便习惯对幼儿身体和心理健康十分重要。如厕能力的培养是幼儿园生活教育的一项内容,而生活教育是幼儿教育的一个重要组成部分,对提高幼儿的生活自理能力,对幼儿智力、情感、独立性、克服困难等能力的发展都有重要意义。在幼儿园如厕教育中,教师不仅要从身体健康的角度来看待教育中的问题,还应从幼儿身心和谐健康发展的视角来重新审视其中的教育问题。

泸州市江阳区某幼儿园教师,充分利用一系列如厕活动进行幼儿健康教育和自理能力训练。

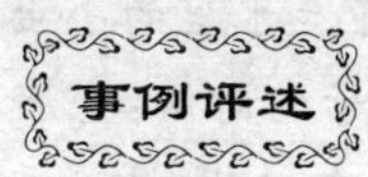

事例评述

活动一　参观活动——教师和幼儿共同参观班级厕所。

①教师带领幼儿参观本班活动室的厕所，让幼儿知道厕所是大小便的地方。

②识别男厕所和女厕所的位置。

③分清小便池，知道男孩、女孩小便的方法是不一样的。

活动二　上厕所活动——男孩子和女孩子上厕所。

①男孩子如厕。

讨论：怎样上厕所才不会将小便弄到便池外？（不要离便池太近，以免弄脏裤子）

②穿有拉练的裤子小便，要小心不要损伤皮肤。

③女孩子如厕。

讨论：怎样上厕所才不会让小便弄湿裤子？

活动三　讨论活动——师幼共同讨论如厕的注意事宜。

①教师带幼儿回到活动室。

讨论：玩游戏时想小便怎么办？吃饭时想小便怎么办？集体活动时想小便怎么办？

②厕所里人多怎么办？小便急怎么办？（厕所里人多时不争先、不拥挤、依先后顺序小便。小便急时，可与其他幼儿协商，让自己先用厕所）

活动四　参观活动——教师和幼儿共同参观幼儿园公用厕所。

教师带领幼儿参观幼儿园的公用厕所，告诉幼儿在室外活动时可就近如厕。

喝水喝出健康常识

一个刚入园的农村幼儿，三岁，老师发现喝开水时把杯子里的热开水拿去水龙头下冲冷水喝，此时教师及时地结合保健自助常识活动“喝生水会生病”，并播放一些显微镜下生水里的小虫子的录像给幼儿看，边放录像，教师还边配小虫子的对话：“我是小虫毛毛，钻进小朋友的小肚肚，哎哟哎哟他在叫。”接着看到水在加热，煮沸时水中小虫在“哎哟哎哟直打转”，一会儿小虫死了，这时水变干净了，小朋友可以喝了。结合这一事件告诉幼儿喝生水的危害性。时时处处提醒关注幼儿安全，保护幼儿生命。

睡觉要有好习惯（小班）[①]

活动来源：

新生的午睡也是老师最头疼的问题，有好多小朋友第一次在园午睡时都是大哭大闹，不愿意一个人入睡，就是愿意睡的，睡姿也各式各样。针对这一情况，设计如下活动，以培养幼儿良好的睡觉习惯。

活动目标：

1. 通过比较，分清哪些是睡觉的好习惯。

2. 逐步建立良好的生活习惯。

活动准备：

图片三套。（A. 陪睡与独睡，B. 早睡早起与晚睡晚起，C. 睡姿正确与睡姿不正确）

活动过程：

(1) 教师提问，引出陪睡与独睡的话题。

①谁是大人陪着睡的？谁是自己睡的？

引导幼儿说出大孩子是自己睡的。

②小朋友在家里是自己睡还是大人陪着睡的？

根据幼儿回答，教师出示图片 A。

① 转载自中国教育文摘，http://www.edUzhai.net.

教师小结：小孩长大了，要学会自己照顾自己，学会自己睡，不要妈妈陪，这样你的胆子就越来越大。

③如果有的小朋友自己睡觉有点害怕怎么办？让幼儿互相讨论，想出克服的办法。

教师小结：睡时开着小灯、听听轻柔的音乐，这些好办法都会帮助你，让你不要大人陪，自己慢慢睡着。回去可试试。

（2）教师提出问题，引出早睡早起的话题。

①今天早晨你是几点起床的？昨晚你是几点睡觉的？为什么？

根据幼儿回答，教师出示图片B。

②你们觉得谁做得好？为什么？

教师小结：早睡早起精神好，对身体有好处；晚睡晚起对健康不利。

（3）出示图片C，提出问题：

①你睡觉时像谁的样子？

让幼儿从图中找出自己睡觉的姿势。

②小朋友觉得谁睡的姿势好？谁的姿势不好？为什么？

教师小结：要养成好的睡眠习惯，不蒙头，不趴睡……

（4）教师与幼儿做游戏。当教师手指任何一张图片时，认为对的就拍手，认为错的就摇手。

3. 安全教育常抓不懈

学生安全关系到每个家庭的安宁、幸福，关系到社会的安定、和谐。没有安全，何来学生健康成长，何来校园和谐安宁，何来教育事业发展！确保学生安全，责任重于泰山。把学生安全放在第一位，就要坚持不懈抓安全，理直气壮管安全，爱憎分明抓安全，让抓安全成为习惯，抓安全成为日常工作最重要的环节。

事例评述

紧急撤离——幼儿园大班安全防护教案[①]

活动目标：

①遇到突发事件时，幼儿能及时快捷地撤离到安全地带。

②幼儿熟悉安全撤离路径，提高自我保护能力，增强安全意识。

活动准备：

①幼儿、家长和教师共同收集报纸、杂志、电视报道中有关紧急撤离的事例或图片。

②班级紧急撤离图。

活动过程：

①组织幼儿观看录像或图片，让幼儿感知突发事件（煤气泄漏、火灾等）给人们带来的危害。提问："如果遇到突发事件怎么办？"引导幼儿说说自己的见识和感受。知道遇到突发事件不要慌，有秩序地撤离可以避免危害的发生。

②出示班级撤离图。带幼儿观察并找出班级在紧急情况下撤离的路径和位置。引导幼儿讨论：为什么撤离时要走图中标注的路径？使幼儿了解图中标注的撤离路径是离户外安全地带最近的一条通道。

③带幼儿观察撤离路径的条件（几层楼梯、弯道情况等），引导幼儿讨论：怎样走到安全地带最快？启发幼儿讲述撤离方法和注意事项。如可以分成两队，沿楼梯两侧迅速撤离；按顺序，不拥挤；听老师指挥等。

④熟悉警报录音，组织幼儿"实战演习"。听到警报声音时，在老师的带领下，按图标路径迅速撤离到户外安全地带。如幼儿

① 转载自中国教育文摘，http://www.edUzhai.net.

在撤离情况下出现拥挤、用时过长等情况，教师带幼儿查找原因，再次演习，使幼儿掌握正确、快捷的撤离方法。

活动延伸：

①将幼儿撤离时的正确方法用照片或绘画图片的方式呈现在墙饰上。

②向家长介绍活动情况、目的。请家长带幼儿熟悉小区居住环境，寻找紧急情况下撤离的路径和安全位置。

③教师或家长带领幼儿了解生活环境（幼儿园、公共场所）中都有安全通道及出口，认识紧急出口标志。

做好离园前一分钟安全教育

离园环节既重要又容易被忽视，既短暂又很复杂：喜迎家长、笑送孩子、交流沟通、叮咛嘱托……老师这时不论多忙，都不可忽视一个重要环节，就是帮助没有接走的孩子稳定情绪，抓住最后一分钟渗透安全教育。

“家长来园接宝宝/接送卡要带好/人卡无误宝宝走/人身安全最重要/身体健壮发育好。”这首儿歌泸州某幼儿园的家长和老师都会念。该园为贯彻落实好“离园前一分钟安全教育”，召开安全专门会议，要求老师们把它作为一项“关爱生命，预防在先”的硬性任务来完成，每一位教师都要认真组织，在每天离园前的最后一个活动，腾出一分钟来对孩子们进行安全教育，还要求教师创造性地开展好这项工作，做到每周确定一个主题。“一分钟安全教育”的方法与形式多样，有时老师给孩子讲一则发生在生活中的安全小故事，做做手指游戏，对孩子进行户外活动安全教育，提醒孩子们注意饮食卫生等，有时则由老师创设情境或提出问题引导孩子们讨论……“一分钟安全教育”，时间虽然非常短暂，但灵活机动、效果显著，它既教给了幼儿必要的安全知识，帮助幼儿掌握安全预防的技巧和方法，又及时地指出孩子们存在的安全问题，时刻提醒幼儿学会躲避危险。

点评：短短的“离园前一分钟安全教育”活动，在教育孩子的同时，也引导教师们时时刻刻把孩子们的安全记在心上、挂在嘴上、落实在行动上，使全园师生牢固树立起安全第一的思想，安全意识和防范能力得到进一步增强。

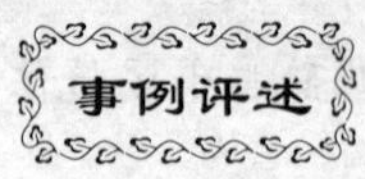

环境中的安全教育

全体幼儿也亲自参与到安全教育之中。泸州市江阳区某幼儿园在开展“人人争当安全小卫士”活动中，让幼儿亲自找一找身边（室内、室外）哪些地方易出危险，怎样想办法消除这些危险隐患。师生商定：一起来设计安全提示小图标，并把它们贴到适当的位置上：

“小心触电”的图标，贴在活动室的电源插座旁；

“当心滑倒”的图标，挂在易摔跟头的厕所台阶旁；

“注意安全”的图标，做块大牌子放在幼儿园大门口；

“安全通道”的标志，挂在幼儿园走廊；

“小心烫伤”的标志，贴在水壶旁边。

社区环境中的安全教育

一幼儿园利用社区资源组织幼儿参观消防队，消防队员给他们做爬楼、跳板、快速着装、紧急灭火等真正的消防演习项目训练，孩子们身临其境学习防火、救火的安全知识，他们对失火时的一些简单自我救护的方法有了更深刻的了解，进一步提高了自我保护意识。消防队队员和家长志愿者也积极参与给幼儿上课，介绍简单的防火设备和防火小常识，加深幼儿对防火知识的理解，进一步掌握自我保护的方法，（比如：趴下匍匐前行、沿着墙角走易找到门、用湿毛巾捂住嘴和鼻……）使幼儿从中学会正确分析情况，避免伤害，遇到紧急情况时会躲闪、让开或叫喊求援来保护自己的安全。

该园还请来了119防火救灾指导中心的警官，给全体教职员工进行灭火器材的使用和防火常识的指导并开展现场演练；请来了儿保医院的医生，给保健员、保育员和教师进行幼儿意外伤害急救方法的传授和现场指导。通过活动，使幼儿学会避免意外事故的方法。

（二）养成生活自理能力

幼儿的独立性是在实践中逐步培养起来的。在这个过程中，幼儿也获得了发展。记得一个教育学家的一句话：“我看过了，我忘记了；我听过了，我记不清了；我做过了，我就记住了。”这充分说明了动手对幼儿的重要性，这就要求我们在培养独立性中一定要重视“做”的过程。在力所能及的前提下，让幼儿为家庭做一些小事等，提供锻炼他们独立性的机会。儿童自身有巨大的发展潜力，应尊重幼儿的自主性、独立性，放手让他们在活动中发展，教师可以通过各种方式对幼儿进行能力的培养。幼儿是在环境相互作用的过程中实现自身发展的，这一相互作用的过程就是活动。活动是幼儿发展的基础。幼儿的活动是多种多样的，他们的学习活动蕴含在生活、游戏活动中。

1. 利用生活活动培养幼儿自理能力

在幼儿园培养幼儿生活自理能力，就必须重视生活活动中的培养。我们要利用一切生活活动中的机会培养幼儿的自理能力。根据孩子的年龄特点，采用了不同的教育引导形式，尽量采用示范、榜样教育等形式，让孩子在自己观察学习中掌握生活自理的技能。现在的家长普遍重视孩子的智力开发，但在生活上一手包办，忽视孩子动手能力、自理能力的培养。针对这一现象，不妨设计一系列相关的生活活动来提高幼儿的动手能力、生活能力，促进幼儿全面、健康地发展。

事例评述

系鞋带[1]

活动一：故事《一双有蝴蝶结的鞋》

1. 教师有表情地完整讲述一遍故事。

2. 结合挂图，教师边讲述边提问。

(1) 开始，妈妈为什么不给佳佳买这双有蝴蝶结的鞋？

(2) 佳佳是怎样学习扎蝴蝶结的？

(3) 到了佳佳的生日，妈妈真的给她买了这双有蝴蝶结的鞋，佳佳是怎样穿好这双鞋的？心里又是怎样想的？借此复习前面的短句。

3. 学扎蝴蝶结。

发给幼儿人手一根短绸带，练习扎蝴蝶结。提醒幼儿根据短句，运用正确的方法。先绕的两个圈要小一些，交叉的也要小，不要拉太紧；否则，容易拉过头，形不成蝴蝶结。

4. 娱乐活动。

幼儿互相帮助把蝴蝶结扎在食指上，颤动食指模仿蝴蝶飞动。

活动二：学系鞋带

1. 讨论：早上，爸爸妈妈是怎样给你系鞋带的？

2. 请会系鞋带的幼儿表演一次，激发幼儿学系鞋带的愿望。

3. 引导幼儿根据扎蝴蝶结的经验，学系鞋带。鼓励能力强的幼儿帮助能力弱的幼儿，提醒幼儿一定要系紧鞋带，不然鞋带容易散开。

4. 比一比，谁的鞋带系得又快又好。

---

① 摘自宝宝育儿网，http://www.baobao.com/，“幼儿园社会教案：我会系鞋带”.

活动延伸：

在区角中增设自理区，投放扎蝴蝶结的短绸或可穿鞋子的玩具娃娃，可让幼儿继续学习系鞋带。

在培养幼儿生活自理能力过程中，老师可以在适当的时候，选择一些适当内容的学习活动，有效促进幼儿的发展。例如，利用故事中人物的活动诱导幼儿懂得该做什么，不该做什么。

我的好朋友——书包①

一、讲述活动“书包生气了”

（创设情景）在教室的一角放一个又脏又坏的书包。

师问：这是谁的书包呀？（都说不是自己的）

师说：我们来看看这个书包外观，你们说怎样？

再看看书包的里面有什么东西？（玩具、糖果、书本）

你们想想：书包里面应该装什么？这个书包的小主人却把玩具、糖果装进书包里，把书都弄皱了。

我们可以想象这个小书包的主人对它怎么样？（不好）

所以这个书包生气了，不想回到主人的身边了，你们说是不是呀？（是）

二、谈话活动：怎样爱惜物品

在生活中除了书包要爱惜外还有很多物品需要我们爱惜，你们讨论一下：还有哪些物品应当爱惜？该怎样爱惜？（幼儿分组讨论，老师巡视参与）

三、辨析活动：爱惜物品的乖娃娃

刚才小朋友说了很多，下面老师要看看你们会不会判断哪些小朋友是爱惜物品的乖娃娃。

1. 请小朋友看书，数一数有几幅图，每幅图旁边有什么？

---

① 根据http://www.gov234.cn/Article/yrjs/dbjn/84059.html 教案：我的好朋友——书包改编.

2. 你们看看下面哪些小朋友是爱惜物品的乖娃娃，就在圆圈里送给他一朵花（师巡视）。

3. 幼儿做完后教师出示课件。

逐一出示每幅图，问幼儿：你们送给他红花了吗？（如果送了说出为什么要送，如果没送也要说说为什么）

四、操作活动：整理书包

1. 通过今天的学习小朋友都知道要爱惜物品，你们想不想做一个爱惜物品的乖娃娃？（想）好，下面老师要看看你们是否爱惜自己的书包。（请幼儿打开书包，师巡视，发现整理得好的小朋友请他上台讲讲自己是怎样整理书包的并示范一次）

2. 请其他幼儿按刚才的方法整理自己的书包。

3. 现在你们再看到自己的书包时是什么感觉？

五、小结

通过这个活动会不会整理自己的书包？今后我们知不知道应该怎样爱惜书包了？下面我们来看看刚才故事里面的冬冬他知不知道爱惜自己的书包？（出示课件）

“冬冬听了书包的话，改正了缺点，从此他非常爱惜自己的书包，还和书包做了好朋友。”

2. 利用游戏活动培养幼儿自理能力

在游戏活动中培养幼儿生活自理能力是一个非常有效的途径。根据幼儿年龄特点，寓教于玩、寓教于乐，通过游戏使幼儿自己组织并展开游戏，在游戏中培养幼儿的自理能力。在实践中要发挥游戏的教育功能，善于抓住生活和游戏中的教育机会，深入挖掘其教育价值，同时综合运用多种活动，引导幼儿在活动中积极主动地去感知、操作、探索、发展。游戏过程中，教师应通过有目的、有意识的观察，获得大量具体、真实的信息，理解和评价幼儿的发展。

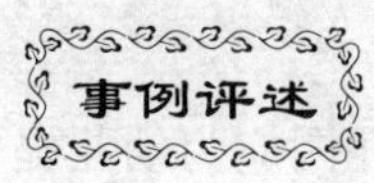

玩游戏，养成自理能力

宝宝们虽然喜欢洗手，可不懂如何把手洗干净，常把衣服弄得湿湿的，于是我在宝宝洗手时就告诉他们洗手前先把袖子拉上一点点，水龙头开的小一点，先搓手心，再搓手背，我还自编了洗手歌："小小手儿伸出来，水宝宝和我做朋友，先搓手心一二三，再搓手背一二三，我的小手洗干净。"通过形象的洗手游戏，宝宝掌握了基本的洗手方法。宝宝不会用肥皂，我让宝宝开始了一个新的游戏，水和肥皂就成了他们的新玩具，我让宝宝看到手上哪儿脏乎乎，就把肥皂来来回回地擦在哪儿，肥皂和水用手搓产生了许多泡泡，宝宝可兴奋了，在玩中他们发现肥皂泡越搓越多，泡泡渐渐由白变黑，被水冲走了。宝宝在玩肥皂泡泡的游戏中渐渐学会了使用肥皂，让宝宝通过玩水、玩肥皂泡泡来培养他们的洗手能力。

"穿鞋比赛"的游戏。一个暖和的下午，午睡起床，我说："小朋友，今天我们来穿鞋比赛吧。"喜欢游戏是孩子的天性。孩子喜欢有成人参与游戏，尤其喜欢和老师做游戏。在游戏中，你和他不再是老师与幼儿的关系，而是平等的同伴关系。这样的关系有利于放松他的心情，使他能自由自在地练习穿鞋子。赢了很有成就感，还会叫你跟他比，他会为此感到自豪；输了他会不服气，总想赢一次，而要求再来。如此不管是输还是赢，他都不断地重复着一个动作：穿鞋子。同时也让这种能力不断地发展提高。这样的游戏对于老师和幼儿来说是双赢，既让幼儿学会了自理，又增进了老师与幼儿之间的感情。[①]

---

① 根据曲欣"穿袜子、穿鞋比赛改编"，http://www.ynlxx.qdedu.net/neirong.asp? id=4062.

（三）利用生活环境熏陶

《幼儿园教育指导纲要（试行）》指出："幼儿园应为幼儿提供健康、丰富的生活和活动环境，满足他们多方面发展的需要，使他们在快乐的童年生活中获得有益于身心发展的经验。"为此，幼儿园应当重视创设健康的物质生活环境。同时，幼儿园还应当为幼儿营造和谐、关爱、尊重、平等的心理环境。

环境作为隐性课程的主要载体是重要的教育资源，对儿童各方面的发展有着潜移默化的影响。健康教育的开展同样应当积极利用环境的隐性教育作用，充分利用幼儿园的户外场地与室内环境、班级环境与公共区域，将健康教育的内容渗透其中。

1. 幼儿园的物质环境

良好的物质环境（幼儿园的场地、园舍设备、材料、空间结构与环境布置等构成要素）是幼儿园可持续发展的要件，俗话说巧妇难为无米之炊，在硬件建设上要关注孩子的需要、教师的需要和幼儿园发展的需要，把钱花在刀刃上。物质文明建设要紧紧围绕幼儿园的发展方向和发展目标而进行，良好的环境是幼儿健康发展、快乐成长的基石。改善办园条件，提高办园质量，是幼儿园发展的必要条件。

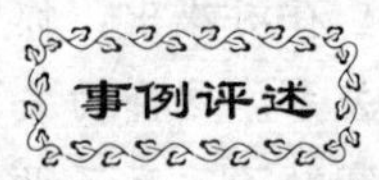

泸县千艺幼儿园在环境中渗透幼儿健康教育

我们幼儿园充分利用每个空间，注重创设独特的育人环境促进幼儿健康发展，满足幼儿发展需要。有利于幼儿体、智、德、美、劳诸方面发展的物质的、精神的环境，使幼儿在积极主动与环境交互中得到身心和谐发展。我们注意环境对幼儿发展的重要作用，通过塑造环境更好地塑造人。

例如，为幼儿提供宽广、安全的户外活动场地，组织丰富多彩的体育锻炼和综合活动。我们幼儿园有1000多平方米的大型塑胶操场，可供幼儿体育锻炼、户外活动等。游泳池、沙地、草坪可供幼儿嬉水、玩耍、休息，攀岩墙可供幼儿攀岩、探险活动，有种植园可供幼儿种植、养殖、观察、综合实践活动，还有孩子们喜爱的大型玩具，更多的活动空间支持幼儿自主成长。

由于考虑到幼儿安全和健康，幼儿园室内外装饰都采用环保涂料，一律不用油漆。户外场地多是铺塑胶，室内铺木地板。采用活动室、寝室、卫生间于一体的套间式教室，教室宽敞明亮，配有空调、液晶电视（保护幼儿视力）、饮水机等。

温馨、舒适的幼儿寝室采用纯实木环保床，一人一床，清洁，舒适。

每班配有电热水器，保证幼儿使用恒温流水洗手，清洁、无污染。水杯、毛巾编号使用，天天消毒，防止传染病的发生。

为了培养幼儿养成从小锻炼身体的好习惯，我们在走廊和外墙上设计了《拍球》、《跳绳》、《放风筝》等图片；我们还设计了动物连环故事《乌鸦喝水》，教育幼儿遇到困难要动脑筋，积极想办法，做事情要有耐心，坚持下去，就有可能获得成功。为加强幼儿园的安全管理、对幼儿进行有效的安全教育，帮助幼儿树立安全意识，掌握简单的安全知识，提高自我保护和自救能力，园内还设计了醒目的安全标志，幼儿每天进园就能看到，因此比较熟悉，日常生活中自然而然地提高自我安全保护意识。进入幼儿园所有人员都禁止吸烟。

我园注重营造良好的精神氛围，具体体现在教师与幼儿、幼儿与幼儿、教师与教师间的相互作用、交往方式等方面。它虽然是无形的，但却直接影响着幼儿的情感、交往行为和个性的发展。

首先，教师对幼儿表现出支持、尊重、接受的情感态度和行为。

其次，在教师与幼儿的交往中，尽量采用多种适宜的身体语言动作。例如，微笑、点头、注视、肯定性手势、抚摸、轻拍头、肩膀等。

另外，正确引导幼儿学会与他人交往合作。一要尊重别人的意见。在活动区活动时，每个幼儿都要互相尊重，从大家都同意的事情做起。二要感谢别人的帮助。小朋友之间互相帮助的事情非常多，因而要督促幼儿坚持使用礼貌用语，从而燃起友谊的火花。三要原谅别人的过失，小朋友要多记住别人的好处，忘记别人的过失，善于原谅别人。四要学习别人的长处，每个人都有自己的长处，要让幼儿互相学习，共同进步。

在“真实”的环境中锻炼幼儿自理能力

某农村幼儿园创设让孩子能亲身实践的生活情景，引导幼儿在潜移默化中受到教育。尤其是在生活操作室内，我们特意摆放了电磁炉、电饭煲、电吹风等，在老师的视线中让幼儿在“真刀真枪”使用的实践操作中积累经验，提升了幼儿使用工具时的自我保护能力。

她们用泥土堆成小土坡、大片的草地，用草绳编织成爬网、简易的梅花桩，自制轮胎秋千、冰箱盒爬筒，用草席组合成滚筒等。这一切都力图培养孩子预测、判断、回避危险的能力以及探索、创新、自主的精神。

创设让幼儿可模拟的社会场景，如在区域活动中，教师们布置了一个模拟超市，让幼儿假扮与妈妈走失的情景，表演出各种应急方法，并对自己的行为进行评价。这些事例生动地教育了幼儿在遇到紧急情况时，不可慌乱，要动脑筋，想办法采取有效措施，把危险降到最低限度。

2. 幼儿园的心理环境

幼儿园心理环境是指幼儿教师与幼儿体验到的幼儿园或班级人际关系的性质。“教师的态度和管理方式应有助于形成安全、温馨的心理环境；言行举止应成为幼儿学习的良好榜样。”教师应“以关怀、接纳、尊重的态度与幼儿交往”。为此，幼儿园还应当积极构建健康的心理生活环境，创设和谐的班级氛围、平等鼓励的师幼关系和互帮互助的家园关系，使幼儿情绪安定、心情愉快；要充分认识到心理环境对幼儿的影响有时比物质环境的影响更为深刻；要根据幼儿的情绪和行为表现反思、调整和改进心理环境。

3. 幼儿园的生活制度与常规要求

“生活制度”是对幼儿在园一日生活的各种活动的时间与顺序的安排和规定。它以时间为序，约定了在某一时间内幼儿在园活动的相对空间位置，并规定了在这一空间中被允许和被认可的行为。

生活制度的建立无论对幼儿还是对教师都有十分重大的意义。就教师而言，有利于新教师很快熟悉幼儿在园的一日生活环节，并有序地、步调一致地合作开展各项工作等。就幼儿而言，生活制度的建立，有利于入园新生较快地体验到幼儿园一日生活的规律性，增加对生活的安全感和适应性；有利于保证幼儿在幼儿园内能有规律地生活和活动，培养幼儿良好的生活习惯。良好的、合理的生活制度，还有利于为幼儿建立科学的作息制度（指符合科学的生活秩序），促进幼儿良好地生长发育；有利于培养幼儿的时空观念，等等。

“常规要求”是指幼儿在园一日生活的各种活动中应该遵守的基本行为准则。考察常规要求，有利于改正幼儿的不良习惯，使幼儿较好地适应集体生活。制订一些活动中的常规要求，并让幼儿明确这些要求，能使幼儿在生活中逐步改掉不良习惯，习得伙伴互动的一些经验，知道在集体中应如何活动，如何与人相处，从而帮助幼儿较好地适应幼儿园集体生活，并从中获得安全感。制订活动中的一些常规要求，有利于幼儿根据常规要求，加强自律，而且这些常规要求一旦内化为幼儿自身的素质，能够自觉遵守执行时，就必然有利于提高教师班级管理的效益，使各项活动能顺利地进行。

二、精心组织健康教育活动

（一）开展专题游戏活动

游戏是一种符合幼儿身心发展要求的快乐而自主的活动，它具有自主性、趣味性、虚构性、社会性和具体实践性等特点。游戏可以巩固和丰富幼儿的知识，促进其智力、语言等各种能力的发展。所以游戏是幼儿普遍喜爱的活动，也是最适合幼儿年龄特点的活动形式，是在幼儿教育中采用最广泛而又最重要的教育方式。它不仅接近幼儿生活，带给幼儿快乐，而且还能使其人格得到应有的尊重，使其各种心理需要得到满足，从而有效地促进幼儿健康发展。

1. 体育游戏

体育游戏是幼儿园体育教学中一项重要的内容，也是完成体育任务的基本方法。发展幼儿的走、跑、跳跃、投掷、钻爬和攀登、平衡等基本动作，不是枯燥地、单调地进行训练，而是通过游戏，给予幼儿练习的机会，使幼儿易于接受，有的游戏甚至不需要任何玩具或器械，只要幼儿聚在一起，就能够玩起来。因此，有人说："体育游戏是幼儿日常生活最重要的、形影不离的伙伴。"在游戏中，他们始终保持着积极、良好的情绪，这对发展幼儿动作技能和提高身体素质起着极其有效的作用。

幼儿园身体锻炼游戏的选择要求①。

第一，所选游戏的内容必须与幼儿身体锻炼的教育主题内容相一致。比如，游戏"找找小动物"和"快乐小木偶"等适合"听信号向指定方向走"的游戏内容。

第二，由于同一教育主题可通过不同的游戏来实施，因此在

---

① 倪敏. 幼儿园课程与教育活动设计. 北京：中国劳动社会保障出版社，2009.

选择游戏时，还应考虑幼儿的认知水平和身体机能的发展状况，注意游戏的选择应由易到难、由简到繁。

幼儿园身体锻炼游戏的创编。

所谓体育活动性游戏，是指以发展幼儿的基本动作和身体素质为主要目的，具有一定的情节、角色和规则的身体锻炼游戏。创编幼儿园体育活动性游戏必须明确游戏的构成要素：一是要明确游戏的任务。二是要明确游戏的内容。三是要明确游戏的角色、情节和规则。四是要明确游戏的条件。

幼儿园体育活动性游戏设计的原则。

（1）趣味性原则。身体锻炼中，机械的动作练习和单纯的身体素质练习，对幼儿来说是枯燥无味的。因此，教师应该把幼儿比较难以理解的动作和单调的素质练习变成具体的、有趣的游戏情节，使其成为幼儿模仿生活和周围事物的有趣活动，促使幼儿喜欢去参加活动，自然而轻松地进行身体锻炼。与此同时，又给幼儿的身心带来愉悦、欢乐的感受。这正是游戏应有的重要特征。

（2）教育性原则。体育活动性游戏的主要任务，是促进幼儿身体的基本动作技能和素质的发展。但教育的相互渗透性或活动的综合性功能，又约定了游戏同样具有智育和德育的任务。比如统编教材《体育》中的一则游戏“大风和树叶”，其目的是练习幼儿走跑交替的能力，但通过游戏又能使幼儿理解风力与树的活动之间的关系，这就是游戏所蕴含的教育性。

（3）量力性原则。受大、中、小班幼儿的认知能力和身心发展水平的制约，各年龄幼儿不仅对游戏角色、情节、规则的理解存在着明显的年龄差异，而且学习新游戏的能力、对游戏目的性的认识、在游戏中表现出来的坚持性和合作性程度等，都存在着年龄差异。为此，在创编游戏时，教师应根据幼儿的年龄特点，有针对性地设计适合各年龄段幼儿活动的游戏。一般说来，小班游戏内容以模拟自然现象或动物的活动较适宜，而中、大班可逐步增加模拟社会现象（活动）的内容。小班的游戏角色为1~2种，中、大班可增加到3种或3种以上，且大班的游戏角色可以相互转换。小班游戏的情节较简单，中、大班的游戏可逐渐复杂化。小班的游戏规则限制性少，且无惩罚性规则，而中、大班的游戏可加强限制性和惩罚性规则。另外，在创编游戏时，也必须根据幼儿的年龄特点，选择教学内容，规定游戏的活动量。

例如，统编教材中的游戏"拾麦穗"和"送雨伞"，游戏的内容都是模拟成人的活动，游戏的任务都是训练幼儿的平衡能力。但年龄的差异，使游戏在选择教学内容时有较大的差异，小班要求幼儿在长3米、宽25厘米的平行线（田埂）中间走，而大班要求幼儿在长6米、宽15厘米~20厘米的平行线（小路）中间走，两者难度不一样，活动量也不一样。

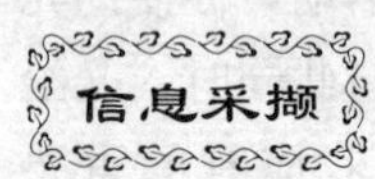

幼儿园体育活动性游戏创编的步骤和方法包括：

● 确定创编游戏的任务。如，"发展幼儿的跳跃能力"。

● 根据游戏的任务选择合适的游戏内容，包括游戏动作。具有主题情节的幼儿园体育活动性游戏的内容主要来源于三个方面，即"模拟自然现象"、"模拟动物的各种形态"、"模拟社会现象和活动"。而社会现象又包括成人的劳动、军体活动和科技活动等诸多方面。以"发展幼儿的跳跃能力"为例，可选择模拟"兔子"、"青蛙"、"袋鼠"等动物（游戏内容）练习双脚行进跳、立定跳远、侧跳等（游戏动作），可选择模拟"小猫"、"小老鼠"等动物进行纵跳，或模拟"皮球"、"鞭炮"等练习纵跳，还可选择模拟"飞行员"、"运动员"等练习由高处往下跳，等等。

● 把角色的游戏动作（内容）情节化，并确定游戏的规则。把角色的游戏动作情节化，具有激发角色（由幼儿担任）活动动力的作用，增加角色活动的趣味性。而规则的制约性又保证了游戏具有良好的组织性和教育性。以上述的游戏内容和动作为例，统编《体育》教材中的诸多游戏，如“小白兔”、“小青蛙捉害虫”、“猫和麻雀”、“大皮球”、“放鞭炮”、“跳水运动员”等，都有明确的主题情节和规则，使游戏不只是简单的动作模仿，而是有组织、有变化发展、有约束的趣味性教育活动。

● 提供必要的游戏条件，包括游戏的场地布置、游戏的玩具和器材、游戏前的知识准备等等。

编写幼儿园体育活动性游戏的一般格式是：

①游戏的名称（年龄班）；

②游戏的目的；

③游戏的准备；

④游戏的玩法和规则（有时规则可独立）；

⑤游戏的建议或注意事项。

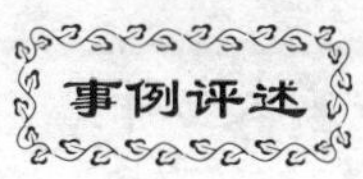

模仿小动物发展幼儿基本动作

1. 小兔找家——幼儿把平衡台放在场地周围，兔子跳的音乐一响，幼儿扮演兔妈妈带小兔出去吃青菜，练习双脚跳跃。“兔妈妈”说：“狼来了！小兔赶快回家！”让每个幼儿从平衡台上走过，教师帮助能力差的幼儿赶快找到家，不被狼捉到。游戏结束部分：放松活动。教师：“天黑了，兔妈妈要带小兔回家睡觉了。”幼儿仰卧或俯卧在平衡台上。

通过该活动发展幼儿下肢协调能力，强化脑和脑干的知觉功能，培养幼儿灵敏协调及活泼开朗的性格。

2. 小青蛙跳荷叶——春天的天气真好，操场上，“青蛙妈妈”我带着“青蛙宝宝”去外面散步呢。“我是一只小青蛙，捉虫本领大，小手小手伸伸，小脚小脚跳跳，蹲下去，找一找小虫，跳起来—吃掉它。”大家来到一个“小河”边，“河”中间漂浮着许许多多翠绿的大大的“荷叶”，突然，庄稼老伯来电话：“快来河对岸帮忙呀，我的庄稼快被害虫吃掉了。”“青蛙妈妈”马上把这个消息传达给热心的“青蛙宝宝”，他们开始各显神通了！有的双脚跳，有的还能单脚跳呢。①

3. 小鸭子（体育）：

小鸭子，嘎嘎嘎，
爱吃鱼，爱吃虾，
跳下水，河里游，
回到岸上找妈妈。

适用年龄：2~3 岁宝宝。

提示：教师根据儿歌内容，创编简单的动作，如：鸭走、向前跳、由高处向下跳、游水的动作等，带领宝宝边说儿歌边模仿动作，训练宝宝跳及动作协调力。

主题情节游戏中发展幼儿良好的情绪和基本动作

巨人和矮人②

活动准备：会伸缩的小丑娃玩具、平衡荡木、平衡楞木、硬纸板树两块。

在平衡荡木的两个把杆上搭一横木，形成小山洞。开始游戏，教师操纵小丑娃玩具“巨人”、“矮人”，以引起幼儿的活动兴趣；演示小丑娃“长高”或“变矮”，请幼儿分别学巨人、矮人走路，启发幼儿思考：巨人是怎么走路的？矮人是怎么走路的？然后，教师带领幼儿在平地上练习平步脚尖接着脚跟走路，蹲着走路。引导幼儿观察，比较直立脚尖接着脚跟平步走与蹲着走的不同。鼓励幼儿分别尝试用这样两种动作走过“小桥”、“山

---

① 摘自http://www.age06.com/Age06Public/SPEAuditing/PostPreview.aspx?view&ContentId=781632，肖娟（奥林幼儿园）.

② 中班体育活动设计及评析. 幼儿教育，1999. 05.

河”去采“果子”，重点观察哪些幼儿学会蹲着走、脚尖接着脚跟平步走，哪些幼儿还不会，哪些幼儿遇到了困难等。请个别幼儿示范巨人、矮人走路的动作。（巨人必须是蹲着走）引导幼儿进一步练习并互相交流感受，重点指导能力弱的幼儿。

组织巨人和矮人进行行走比赛游戏。将幼儿分成两组，分别扮演矮人和巨人进行行走，看哪组幼儿最先走完（角色还可调换）。结束部分：带领幼儿一起走“小桥”、过“山洞”、来到“果树林”、将所有“果子”摘下。

整个游戏中，教师引导幼儿在平衡楞木上按要求行走以及在平衡荡木上蹲着走，锻炼腿部肌肉的力量，促进幼儿平衡能力及空间知觉能力的发展，活跃大脑神经系统；激发幼儿参加感观训练的积极性、主动性。

2. 民间游戏

民间游戏是指民间流传下来的，具有浓郁的地方特色和乡土气息，趣味性强，种类繁多，同样也给我们带来了许多童年欢乐的游戏。

当前，由于现代化玩教具的大量出现并推广应用，致使人们对民间游戏有所忽视，甚至被遗忘。其实民间游戏具有很强的实用性和娱乐性，它不受时间、场地、人数和材料的限制，许多民间游戏还伴随着朗朗上口的童谣，深受幼儿喜爱。民间游戏不仅可以锻炼孩子的体质，让他们学会谦让、合作和友谊，促进他们主动性、独立性、社会性、创造性的发展，同时还可以培养他们健康的人格。

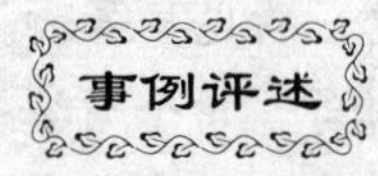

在“摇元宵”中懂得文明礼貌，培养幼儿自理能力[①]

“摇摇摇，摇元宵，我的元宵是宝宝。/穿红衣，戴红帽，不说话，总爱笑。/吃饭不让妈妈喂，走路不让爸爸抱。/看见小鸟点点头，看见客人问声好。”在玩民间游戏“摇元宵”时，是由两名幼儿合作边念儿歌边玩的。而这首儿歌融于此游戏中，不仅教育了孩子自己的事情自己做，培养了孩子的生活自理能力（吃饭不让妈妈喂，走路不让爸爸抱），而且又教育了幼儿从小懂礼貌，争做文明人（看见小鸟点点头，看见客人问声好），从中也增添了游戏的情绪，幼儿能从中受到感染熏陶，从而形成良好的道德品质。

玩“螃蟹抢蛋”锻炼幼儿的腿部肌肉

游戏准备：小石子或毽子数个。

游戏过程：

（1）任选一名幼儿作螃蟹妈妈，用双手双脚支撑身体趴在地上，保护自己的蛋宝宝。

（2）选数名幼儿站在旁边，想法去抢蛋宝宝。螃蟹妈妈为了保护蛋宝宝，用脚轻轻地踢，或用手轻轻地触摸对方。只要螃蟹妈妈触摸到对方身体任何一个部位就为胜。

（3）输的幼儿与螃蟹妈妈交换角色继续游戏。

游戏规则：抢蛋宝宝的幼儿只能一个一个地去抢。

该游戏锻炼幼儿的腿部肌肉，培养应变能力，非常受幼儿喜爱。

---

① 王桂华. 中国民间游戏. 上海：上海教育出版社，2000.

在“编花篮”游戏中玩出团结合作的精神

教师引导孩子们先手拉手站好，其中一名孩子将自己的一条腿放在旁边俩孩子的手上，单腿站立，然后，孩子依次将自己的一条腿放在另一个小孩的腿上，所有孩子将腿搭好后，最先那个孩子的腿放在最后一名孩子的腿上，孩子们边单腿跳边唱儿歌：“编、编、编花篮，花篮里边有小孩，小孩的名字叫花篮。”一个小孩的腿掉下来了，游戏又重新开始。

点评：孩子们欢乐的歌声在空中回荡，他们的脸上洋溢着幸福的笑容，团结友爱的种子在他们心中生根发芽。

在赤手空拳的活动中练出幼儿手口脚的协调能力

农村幼儿园常常没有什么教玩具，老师们就地取材，组织幼儿玩起“锤子、剪刀、布”的民间游戏。教师让四个幼儿参加游戏，两人一组，一人做猜拳人，一人做走步人，走步人站在起点线上。猜拳双方相对而立，边原地跳边说“锤子、剪刀、布”，当说到“布”时，双方用脚做出想做的动作（“锤子”为两腿并拢，“剪刀”为两腿一前一后，“布”为两腿向两侧张开），以动作决出胜负，胜者一方的走步人向前跨一大步。游戏反复进行，直至走到终点，先到终点为胜方。幼儿们嘴上念“锤子、剪子、布”，同时手比划，脚也相应的做动作。他们玩得很开心，也很投入，在这简单又古老的游戏中发展了他们手口脚的协调能力。

用“孵小鸡”训练幼儿反应的敏捷性

在幼儿较多的情况下，教师在幼儿中任意选一人当“鸡妈妈”坐在凳子上，凳子下放几个“蛋”（可放石头代替），表示“鸡妈妈”正在“孵蛋”。其余游戏者做“耗子”，“耗子”在“鸡妈妈”身边钻来钻去，伺机取“蛋”。“鸡妈妈”可以自由转动保护身体下面的“鸡蛋”，但不能离开凳子。“耗子”伸手取“蛋”

时，“鸡妈妈”要迅速拍“耗子”的手臂，被拍到的就不许再取“蛋”。游戏可玩到“鸡蛋”取完为止。参与游戏的幼儿多，放的“蛋”就越多。

幼儿园大班健康活动：跳皮筋[①]

跳皮筋是我国传统的民间体育游戏，把跳皮筋游戏和民间童谣巧妙地结合在一起，符合幼儿活泼好动的特点。

活动目标：

(1) 激发幼儿对民间体育游戏的兴趣，体验合作游戏的快乐。

(2) 引导幼儿初步掌握跳皮筋的方法。

(3) 锻炼幼儿的腿部力量，提高幼儿身体动作的协调性与灵敏性。

活动准备：

(1) 经验准备：熟悉一些简单的民间童谣。

(2) 材料准备：红、绿色短皮筋、长皮筋、翻花绳皮筋、民间童谣《拉大锯》《马莲开花》《拍手放松》《跳格子》的CD等。

活动过程：

(1) 教师带幼儿听音乐入场，做热身运动。

①教师带领幼儿听音乐拍手入场。

②教师带领幼儿一边说民间童谣，一边用手腕上的小皮筋做民间体育游戏《拉大锯》《炒黄豆》《打拐》等动作，活动身体各个关节。

评析：引导幼儿利用手腕上的小皮筋做简单的民间游戏，能够激发幼儿对民间体育游戏的兴趣；手腕上的小皮筋也为接下来的分组练习做好了准备。

(2) 通过游戏，初步掌握跳皮筋的方法。

---

① 幼儿园大班健康活动：跳皮筋. 学前课程研究，2007. 11.

①引导幼儿尝试探索跳皮筋的基本方法。

②结合民间童谣《马莲开花》，练习单脚内外跳皮筋。（幼儿围成圆圈，单脚撑皮筋，另一只脚练习跳）

③听音乐，拍手转圈放松（动静结合，幼儿稍作休息）。

④用八把小椅子撑起四组皮筋，让幼儿自由探索皮筋的多种跳法（单脚跳、双脚跳、双脚交替跳、叉花跳等）。

⑤通过民间游戏“跳格子”，引导幼儿探索并练习跳皮筋的多种方法。第一，根据手腕上小皮筋的颜色，幼儿分成红、绿两队，进行游戏“跳格子”。第二，红队幼儿跳完后换绿队幼儿跳。第三，提高皮筋高度，幼儿练习并游戏。

评析：在此环节的设计中，从一根皮筋加到八根皮筋的跳法，体现了由易到难、由简单到复杂、循序渐进的活动过程。引导幼儿自由探索并初步掌握跳皮筋的方法，既锻炼了幼儿的腿部力量，提高了幼儿身体动作的协调性与灵敏性，又使他们从中体验到了合作游戏的快乐。

（3）活动结束。教师提问：幼儿皮筋除了可以用小脚跳之外，还可以怎样玩？教师示范翻花绳（降落伞、五角星、小书包、飞机），再次激发幼儿对民间游戏的兴趣。教师：让我们开着自己的“小飞机”出去玩吧！幼儿听音乐《小飞机》做放松练习，走出活动室，活动结束。

评析：活动结束环节也是活动的延伸，引导幼儿回去和家长或伙伴交流、学习翻花绳，再次激起幼儿对民间体育游戏的兴趣。

（二）发挥区域活动作用

区角游戏是幼儿自主选择、以活动主体的身份进入区域，积极与材料互动，积累经验、提高水平的一种载体。这种适宜幼儿发展的活动形式，已由城市幼儿园向农村幼儿园推广。农村幼儿园完全可以因地制宜，挖掘自然资源，并围绕自然材料在区角游戏中的开发与利用进行积极探索与实践。

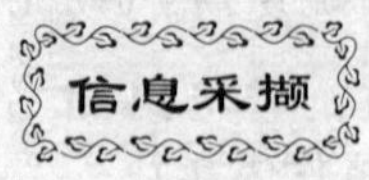

针对不同年龄的幼儿开展区角活动，渗透健康教育

在小班的角色游戏中，幼儿往往同时扮演相同的角色。例如，一个娃娃家也许有2～3位“妈妈”，或好几个“爸爸”。教师应该通过指导、帮助，启发幼儿回忆已有的感性认识，丰富他们的角色行为和语言，逐步充实游戏的内容和主题，培养幼儿独立游戏的能力。例如，一位幼儿到娃娃家当爸爸，可是他在娃娃家里东摸摸西摸摸摸了半天，也不知道可以做些什么。这时，老师走过去对他说：“嘿，你想想，你的爸爸在家里都做些什么呢?”他想了想，说：“写字、看报纸。”老师又说：“那你也可以做这些事情呀!”这位幼儿听了老师的话，开心地跑走了，坐到了娃娃家的小椅子上，拿了一本书看了起来。后来这位幼儿又在老师的启发下，去帮娃娃家的“妈妈”烧饭，还帮“娃娃”洗澡。小班的这种现象是由幼儿年龄特点所造成的，教师不用去干涉，应顺其自然。

中班幼儿常常是一边游戏一边想下面的情节，还没有具备事先计划、商量、设计出游戏过程的能力。因此，对于中班幼儿角色游戏的指导应侧重于加深他们对角色的理解，要求幼儿能较正确地反映出角色特有的行为和语言，并能创造性地表演。例如，“在医院”的游戏中，一开始“护士”只知道给“病人”打针、发药、测体温。后来老师启发他们想一想护士应该是怎样对待病人的呢？他还可以怎样照顾他们呢？于是幼儿便想到去搀扶病人，叮嘱他们吃药，陪病人检查等游戏情节。

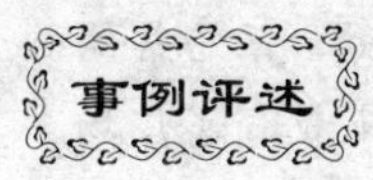

中班区角活动的教育契机[①]

我们班根据孩子年龄特点为幼儿设立了几个实用的活动区域：娱乐区、小舞台、美工区、建构、图书区、角色区。孩子们在自己喜欢的空间里大胆想象、尽情享受，获得了发展。

他们在活动区主动地活动、自由交流，收益颇多。娱乐区的幼儿相互交流着从家里带来的玩具的玩法，同伴间也能相互交换玩。遇到问题时有时也能自己相互讨论解决问题。小舞台的幼儿自编的小歌舞有声有色，吸引了周围好多小朋友来观看。

我发现了许多美好的细节。一次，项天小朋友一个人在游戏区玩得很起劲，很投入地拼摆着积木。我悄悄看着，没敢打扰他。只见他一边搭一边自言自语地说些什么。我很好奇，忍不住问道："项天，你在做什么？"他滔滔不绝地介绍起来："老师，你看这边是好高好高的大楼，楼前我还修了一个漂亮的大花园，旁边是垃圾桶。""老师，你知道为什么我在这里放垃圾桶吗？"项天问我。我说："为什么呢？""因为叔叔阿姨路过这儿时可以把垃圾放到这里面，周围就不脏了，我也就不会生病，可以天天上幼儿园了。"他犹豫了一下，问："为什么总有些叔叔阿姨把脏东西随便扔到地上？苍蝇落在上面臭死人了。"我想，成年人素质不高我也很无奈，怎么办呢？我只好把项天的问题交给大家来思考回答。结果教室里乱了套，孩子们你一言我一语开始声讨不注意保护环境的大人们，也有的幼儿替大人开脱，吵成一锅粥。我就引导大家说出自己的解决办法，画出来贴在画板上放到广场上做宣传。

区角活动总能引出许多教育契机，达到的效果也是我们始料

① 资料来源：太仓市实验幼教中心. 文章作者：zijunbaby.

不及的。区角真正成了孩子们健康成长、尽情享受、任意挥洒的自由空间。这样，既加深了孩子们的环保意识，又教育了广场上的人们，还扩大了我园的影响。

娃娃家中让幼儿体验生活，增强营养意识

所在活动区：娃娃家。

操作材料内容或材料名称：厨房用具、杯子等。

观察过程：

娃娃家中，"妈妈"唐志和"孩子"秋雨在吃早饭。

妈妈说："宝贝，快点喝，豆浆可有营养了!"

可是"孩子"皱着眉头撅着小嘴说："豆浆有味儿，我不喝!"

"妈妈"一点都没有生气，示范着喝豆浆，边喝边说："嗯，这豆浆真好喝呀，喳喳喳……"

"孩子"看看"妈妈"喝得那么有趣，慢慢的也试着喝了一口，也学着"喳喳喳"的响。

"妈妈"表扬"孩子"："乖，我们一起喝豆浆吧。"

点评："吃早饭挑食"这一现象在幼儿的生活中比较普遍。孩子们在此次活动中，能够很好地进入角色，根据自己的角色内容，进行充分的展示。"妈妈"态度的变化（从苦口婆心地劝说到耐心地解释到大声地呵斥）与现实生活家庭中妈妈的表现是一致的。而扮演"孩子"的秋雨不爱喝豆浆与她自身存在的饮食习惯相同。多给幼儿创造机会体验生活，可以进一步丰富幼儿的游戏内容，对于幼儿更好地适应现实生活十分有利。

（三）积极引导身体操练

幼儿体操是指以徒手形式进行的身体操练；由身体不同姿势和身体各环节的各种不同类型动作所组成的单个、单节和成套动作；具有形式简便，动作多变，不受场地、器材设备和气候等条件的限制，适合于不同物体练习和易于运动量调节等特点。

幼儿体操对于幼儿的身体起着良好的作用。它能够使孩子们更好地生长和发育，而且还能加强机体各器官间的协调活动，增强幼儿的神经系统和助长他们乐观和爽朗的情绪。通过体操，可使幼儿的骨骼、肌肉和韧带得到更好的发育，而且对建立正确的体姿和心脏血管系统的成长，都是有益的。经常操练幼儿体操，可使幼儿血液循环得到改善，心肌的收缩能力得到提高，幼儿身体各大系统的体操能使呼吸变得更深和更有节律。同时，肺的容积变大，增大了气体的交换量，保证了对各个工作着的器官供应充分的氧气，从而促进了幼儿全身的新陈代谢活动。

除了以上所述，幼儿体操还能培养孩子们良好的生活习惯与性格：温柔、勇敢、敏捷……这就是为什么除了每天应有早操和一些体育活动外，还应该适当地为孩子们安排一些系统的操练。

幼儿都是喜欢玩的，因此，如果我们能用符合他们游戏的形式来进行有趣的操练，那么，孩子们一定会感到有趣。所以教师应该运用各种生动活泼的形式，结合幼儿的爱好，从日常生活和劳动中取材，使孩子们能经常愉快地进行各种有趣而有益的体操。

创编幼儿基本体操的一般步骤和方法是：

1. 明确任务，提出总体构思

选编一套体操首先应该明确目的，即所选编体操的功用是什么。是作为早操、准备活动操，还是节日或运动会等需要的表演操？如果是早操，由于它属于保健操，且每天都要做，因此编排的操节动作要全面，以便全面锻炼幼儿的身体。如果是准备活动操，则所选用的动作随意性较大，只要求能起到准备活动的作用。假如是表演操，则在锻炼身体的同时，更应强调操节的艺术性和表演效果。另外，任务明确后，教师应根据幼儿的年龄特点构思体操的名称、全套操节的节数、每节操的名称、操节的节拍或呼数、操节动作的节奏（变化）、活动量和难易程度、对身体影响的特殊要求（形体矫正操）等。

2. 设计单个或成节动作，组织整套体操的动作顺序

这是编操中最为关键的一个步骤。

一要根据幼儿的身心发展状况及体操的类型来选编动作。

动作总的要求是简单或难度适中、优美、轻快、活泼，并富有模仿性和表现力，突出动作的形象化和幼儿化，便于幼儿模仿和学习，且有较强的锻炼价值。

体现各类操的特点。如选编轻器械操，不应将轻器械操看成是徒手体操的动作与器械的简单结合，而应该体现出所用器械的特点，充分发挥器械的锻炼功能。

二要注意动作编排的科学性。

为保证身体锻炼的全面性，整套体操的动作应包括头颈部、上肢、下肢、躯干等不同部位的动作和同一部位不同动作类型和方向的动作。把发展肌力、柔韧性、协调性、平衡性等动作组合在一起，把影响不同肌肉群的动作、用力和放松动作交替进行，并注意上肢活动与下肢活动、胸部锻炼和背部锻炼、活动量小的活动与活动量大的活动相互结合，使人体各个部位都能得到活动。

动作的编排应遵循人体生理机能能力变化规律，即整套操的活动量应遵循上升—平稳—下降（小—大—小）的变化规律。动作由慢到快再到慢，由易到难再到易。一般是先从较简单或运动量较小的踏步动作、伸展运动或头部运动开始，使身体机能由原来的安静状态尽快转入兴奋状态；接着安排扩胸、体侧屈、体转、踢腿、体前或体后屈等动作，逐步增加动作难度和活动量；然后进入活动较激烈的全身运动或跳跃运动，使运动量达到高峰；最后以踏步或柔和缓慢和较轻松的整理运动结束。如果是准备活动操（也称运动辅助操），整理、放松过程应省略。

三要在设计单个或成节动作时，了解影响动作的效果和难度的要素。

身体姿势，指动作的外部表现形式。它包括开始姿势，动作过程中姿势和结束姿势。身体姿势改变的正确与否，直接影响到动作的难易程度和锻炼效果。就幼儿而言，操节应以屈、伸、举、踢、转和模仿性动作为主，逐步增加绕旋、绕环、振、单脚支撑等动作。编操时应强调身体姿势的准确、自然、协调，以大肌肉群活动为主，注意选编能有效促进胸廓和脊柱发育，形成正确身体姿势的动作。

动作方向，指动作经过一定的路线后所要达到的目标。动作方向不同，所影响的肌肉群也有所不同。幼儿体操的动作方向应以前、上、侧方向为主，逐步增加其他方向的动作。

动作幅度，指做动作时身体或身体某部分移动距离的大小，它直接影响体操难度和运动量的大小。幼儿体操动作的幅度不宜太大，以身体平衡、自然协调为宜。

动作路线，指做动作时身体某部位运动轨迹的连线。动作路线的改变，可有效地培养幼儿的协调能力。由于幼儿的协调性较差，神经系统对肌肉的调控能力低，因而运动的路线变化不宜多，并注意动作的对称性。

动作频率和速度，前者指单位时间内动作重复的次数，后者指单位时间内身体或身体某部位移动距离的大小，两者直接影响到运动量。幼儿体操要求两者较为适中，不宜过高或过快。但也应通过改变影响动作要素的方法来编排出新颖、独特、有一定的创造性和艺术性的体操动作，提高幼儿练习的兴趣和锻炼效果，并从中得到美的熏陶。

3. 整套动作的记写

整套动作的记写应包括：①体操的名称；②每节操的动作名称和呼数；③每节操的预备姿势、节拍呼数与动作说明（包括动作要点、要求、图示等）。

4. 选配体操音乐

在音乐伴奏下进行体操练习，不仅能有效地增强幼儿的节奏感、韵律感和表现力，提高幼儿的想象力，而且能激发幼儿学操的热情，加快掌握体操动作的速度。所以，在有条件的情况下，体操应在活泼轻快、节奏鲜明、旋律优美动听的音乐伴奏下进行练习。

选配音乐时常用的方法有：①先编操，再根据体操（动作）编配音乐。②先选音乐，再根据音乐编操。

若为编好的体操配乐，则音乐旋律、节奏的变化，速度急缓、力度变换等方面，都应与体操的动作类型、动作的快慢变化及动作的力度和高低起伏等相互协调一致，达到音乐与动作之间的和谐统一。若根据音乐编操，则必须遵循音乐的韵律结构，尽量保证乐曲的完整性，使音乐和动作成为一个完美的整体。模仿操的配乐应能表现出所模仿事物的特征。若根据儿歌编操，应使儿歌内容与动作统一，句数与动作节拍数一致。①

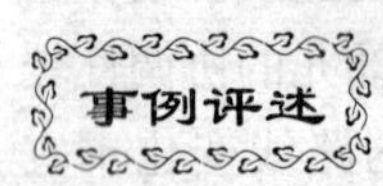

在游戏中操练，激发幼儿对体操的兴趣

“孩子们！现在我们来做游戏，这个游戏的名字叫‘蝴蝶、大鸟和青蛙’。”某幼儿园教师有声有色地对孩子们讲述游戏进行的方法：开始时，大家沿着房间踏着小步前进，当幼儿教师一叫“蝴蝶”，大家就马上停下来，同时立刻伸出双手做出像蝴蝶扇翅膀一样的动作。假如叫的是“大鸟”，那么，大家就应装成大鸟的样子，单脚着地，双手叉腰。一叫“青蛙”，那么，大家就应该蹲下去，将两手放在两腿之间的地上，同时，还要大家一起学青蛙叫。在讲解的过程中，幼儿教师边做示范动作边讲解，直到

① 倪敏. 幼儿园课程与教育活动设计. 北京：中国劳动社会保障出版社，2009.

孩子们了解清楚以后才正式开始。将这三个动作各重复3~5次，然后再换一种方式进行。

“小朋友！你们会扫地吗？来！我们大家一起来学学看。”于是大家一面慢步前进，一面将两手在胸前左右摆动，做出扫地的样子。为了使孩子们的步伐走得整齐，幼儿教师还可以发口令：“一——二”“一——二”……总之，操练的内容和形式可以多种多样，不断创造。

点评：操练的动作和进行的时间，应根据孩子不同的年龄分别对待。在操练进行的过程中，要注意孩子们的呼吸情况，而且还要将体操中的呼吸规则告诉他们：在体位倾斜或者蹲下时，要呼气，而在身体挺直、双手平伸，向上举手或者双脚分开时，应该吸气。年龄比较小的孩子的呼吸常常短浅，而且不善于和运动配合，因此，教养员更应耐心地教导他们。另外，还应该注意，操练不应使孩子们太累，如果发现孩子们脸色发红、喘气和心跳加快时，那就应该适当地考虑缩短操练的时间，或者减小操练的动作幅度。

在军营中操练队列

——“学做小小解放军”系列活动（大班）[①]

为了让孩子们感受军营的生活，体验解放军叔叔坚强、勇敢的精神面貌，近期，机关建国幼儿园大班的孩子们开展了“学做小解放军”的系列活动。

活动过程中，幼儿收集了有关中国人民解放军的资料和书籍，从中了解解放军的不同服饰，并且对各种武器装备产生了很大的兴趣。教师还向幼儿讲述了解放军保卫祖国、勇敢作战的英雄事迹。对现在的孩子来说，解放军战士的形象大都是通过电

① 资料来源：http://www.xhedu.sh.cn/cms/data/html/doc/2008－04/11/155844/，机关建国幼儿园．季卫.

影、电视来获得，直接了解解放军叔叔的部队生活与学习训练情况是孩子们的愿望。为此教师特别邀请武警战士来到幼儿园，与孩子们面对面地交流，让孩子进一步了解解放军。

结合春游活动，大班的孩子们在中班弟弟妹妹敲锣打鼓声的欢送下，带上了自己亲手制作的大红花，前往位于奉贤的军营基地，学做“小小解放军”。他们穿上了神气的迷彩服军装，在解放军叔叔的带领下来到操场上，观看了精彩的队列训练，跟解放军叔叔学习操练等系列动作。接着孩子们也一显身手，精神百倍，雄赳赳、气昂昂地跟着解放军叔叔做起匍匐练习。别看解放军叔叔身手那么敏捷和威风，可要学得像还真不容易。孩子们不气馁，一次不行再来一次，终于将动作学会了，自信的笑容洋溢在小脸上。最后，大家还学习了射击打靶，小小的手儿扣动扳机，还真有射中靶的感觉呢！

通过活动，孩子们学习体验了解放军的生活，感受到军人的自律和严格，增强了孩子们的自信心，同时更加懂得要学习解放军叔叔那种积极顽强、不怕艰苦的精神，并将这种精神带到生活中，积极地面对每一次的困难和挑战，做一个勇敢、坚强的人。

点评：通过这次活动，进一步加深了《我是中国人》这一主题的学习，让幼儿亲身感受作为中国人的骄傲，回来后，幼儿在学习生活中都能像解放军那样要求自己，跳绳时，不怕累，坚持学习；起床时，能自觉地把自己的被子整理平整等。幼儿对解放军非常的崇拜，都表示自己长大了要当解放军。这项活动的目标很圆满地达到了。

三、认真进行幼儿健康教学

“幼儿园的教育活动，是教师以多种形式有目的、有计划地引导幼儿生动、活泼、主动活动的教育过程。”健康教学即传统意义的“上健康课”，有别于日常生活中的健康教育，对于某些健康教育内容，譬如，幼儿不太容易理解的健康常识、不太容易掌握或需要系统训练的健康行为技能等，只有通过教师有计划、有目的、精心的教学设计，才能更好地引导、启发幼儿探索、理解和掌握。因此，幼儿健康教育的形式离不开健康教学。健康教学的内容可以是预先设定的，也可以是即时生成的。

（一）上体育活动课

幼儿体育课是有目的、有计划、有组织的体育活动。它以身体的练习为主要内容，注重幼儿身体的全面发展，有目的地提高幼儿身体素质，发展幼儿的基本活动能力，增强幼儿体质，同时也包含一定的教学活动，重视促进幼儿智力和良好个性品质的发展。

幼儿体育课不仅需要认识的参与，而且更加需要幼儿身体的直接参与。在幼儿的体育教学活动中，既要考虑和遵循幼儿认识的特点和发展规律，还必须遵循人体生理机能活动变化的规律以及动作技能形成的规律。幼儿体育课还必须以游戏作为主要的活动形式，要增强每个幼儿的体质，愉悦身心，使每个幼儿的体质在原有水平上得到一定的提高，没有统一的达标要求。

1. 幼儿体育教学活动的设计

（1）设计幼儿体育课应分清体育课的类型。

幼儿体育课一般有三种类型。一种是新授课，即以学习新教材，并把新教材作为身体锻炼活动的主要内容而展开的教学活动。另一种是复习课，即以幼儿已经学习过的教材作为身体锻炼活动的主要内容而展开的教学活动（活动的要求和锻炼方式等可适当改变）。但幼儿园最基本、最普遍采用的体育课类型是综合课。它包含两层含义：一是新旧内容（教材）的综合。二是指活动中多种类型的活动内容综合。从这个意义上理解，幼儿体育课划分为新授课和复习课，仅仅表明活动所要完成的任务的侧重点有些不同而已。

（2）幼儿体育课的设计应依据人体机能能力变化规律。

在分析幼儿身体锻炼的原则时，我们提到，人体在运动过程中，生理机能能力的变化经历了上升、平稳、下降三个阶段。据此，我们在设计幼儿体育课的活动过程时，各部分的任务、内容和时间安排应该是：

①开始部分。

任务。组织幼儿、集中幼儿的注意力，使幼儿明确活动的内容和要求，激发他们参与身体锻炼活动的兴趣；通过身体活动，克服各器官、组织的惰性，提高其活动能力，发展主要肌群；根据基本部分的内容，做一些有针对性的准备活动，为下面的活动做好适应性准备。

内容。排队和队列队形练习；向幼儿说明活动的要求和主要内容；做一些基本体操或模仿活动；开展一些运动负荷不大，有利于发展幼儿体能的游戏，也可进行一些简单的舞蹈和律动等。

时间。一般占总时间的10%~20%。

②基本部分。

任务。学习新的或较难的活动内容，巩固和提高已学过的各类练习和游戏等，并通过幼儿自身的身体练习，从中提高幼儿的身体素质，发展幼儿的能力，培养幼儿良好的心理品质等。

内容。发展体能的游戏、基本体操等，其他各类游戏。一般以《幼儿园教育纲要（试行）》中规定的内容为主。一次活动一般安排1~2项活动内容。在内容的安排上应注意新旧搭配，急缓结合，全面锻炼幼儿的身体。

时间。一般占总时间的70%~80%。

③结束部分。

任务。降低幼儿大脑的兴奋性，使幼儿的身体由运动的紧张状态逐渐恢复到相对安静状态，放松肢体；合理地小结评价，有组织地结束活动；收拾和整理器材。

内容。轻松自然地走步；徒手放松练习；简单、轻松的操节或舞蹈；较安静的游戏等。

时间。一般占总时间的10%~20%。

这里需要补充说明的是，幼儿体育课三个部分之间是相互联系的，各部分有自己的主要任务和内容，但在活动的结构上又是一个紧密相连的整体，以共同实现身体锻炼的目标。另外，体育课的结构和各部分的内容、时间等方面的安排也是有变化的。例如，有些体育课只是教幼儿玩一两个游戏，其课的结构就是游戏活动的结构或两个游戏结构的组合。而内容和时间的安排也应根据具体活动的任务和目标、季节气候情况、幼儿的具体情况，以及场地、器材等条件灵活地组织和安排。

2. 设计幼儿体育课还应注意活动过程的游戏化

游戏能激发和维持幼儿活动的兴趣，调动幼儿参与活动的主动性和积极性。具体方法请参见幼儿身体锻炼的方法部分（“游戏法”）。

3. 幼儿体育课活动方案（计划）的表达

（1）活动名称（内容）。

（2）活动目标。

（3）活动准备（场地、器材、知识准备等）。

（4）活动过程（开始部分、基本部分、结束部分）。

（5）延伸活动。

（6）活动评价。

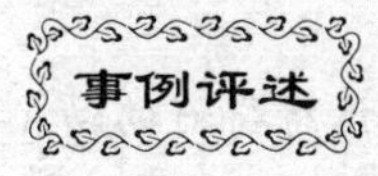

在变废为宝的体育课中增强每个幼儿的体质，愉悦身心

——巧玩报纸（幼儿园大班健康活动教案）[1]

活动目标：

（1）能自由结伴玩报纸，体验集体活动与创造的快乐。

---

① 根据中国教育文摘 http://www.edUzhai.net《幼儿园大班健康活动教案——巧玩报纸》改编.

(2) 在报纸上探索各种玩法，掌握跳、钻、爬等技能，发展动作的灵活性和协调性。

环境创设与材料准备：

(1) 收集、利用废旧报纸制作的物品。

(2) 旧报纸若干张，录音机、音乐磁带。

活动过程：

(1) 热身运动：幼儿散点式队形在教师的带领下听音乐做健身操。

(2) 尝试活动：

①参观用废旧报纸制作的物品展。

②讨论怎样玩报纸？需要注意什么问题？

③自由探索玩法：幼儿可一人玩，也可几个人合作着玩，引导幼儿探索多种玩法。

④鼓励幼儿相互示范并学习各种玩报纸的方法。如单脚或双脚在报纸上跳，跨过报纸练跳远，横躺在报纸上滚动，等等。

(3) 结伴玩：幼儿结伴展示不同的玩法，教师对幼儿创造的玩法及时给予肯定和鼓励。

①练习轻轻落地跳。请能力强的幼儿示范，用单脚或双脚在报纸上跳，不把报纸弄破，幼儿自主练习，教师重点指导能力差的幼儿轻轻落地跳。

②练习跳远。将大报纸对半折后平铺在地，请练得好的幼儿示范，可随意调节距离，幼儿分散练习，教师鼓励能力强的幼儿尽量跳得远些。

③练习钻“山洞”。指导部分幼儿把大报纸连起来高举过头，变成一座“山洞”，其余幼儿玩钻“山洞”的游戏。

④练习爬行。指导幼儿把大报纸一张连一张平铺在地上，请一名幼儿示范，双膝跪在报纸上向前爬行，小心不能弄破报纸。幼儿分散练习，教师及时鼓励有进步的幼儿。

(4) 集体游戏：横躺滚比赛。

①方法：幼儿自由组成两路纵队，大报纸一张连一张分成两组平铺在地上。游戏开始，每队第一名幼儿横躺在报纸上，手脚伸直，和身体保持一条直线，连续做横躺滚动的动作，直到滚到最后一张报纸，然后起身跑回原地拍第二名幼儿的手，自己站到队伍最后，第二名幼儿按同样的方法接着横躺滚动，速度快，方法对者为胜。

②幼儿练习横躺滚动的动作。

③幼儿横躺滚动比赛，以快者为胜。

④在比赛中增加难度，并增加幼儿对游戏的兴趣，强调游戏中的安全，以快者为胜。

(5) 游戏结束：在优美的音乐声中，幼儿自编报纸舞愉快结束，幼儿拿自制的报纸玩具回班玩耍。

点评：把报纸当做体育器械来玩，是一个比较新颖的活动内容。在整个活动的过程中，孩子们的积极性、主动性都特别高。他们探索出的有些玩法（如掷准、用头顶着走等）非常有创意。在小组探索的过程中，幼儿充分体验到了与人合作、与同伴协商共同参与活动的乐趣，不知不觉中，也培养了幼儿的团队精神。这是一次一物多玩的探索活动，也是一个引导幼儿变废为宝，让幼儿自娱自乐的游戏活动。活动结束之后，从幼儿的表情中可以看出，他们余兴未了。以后我们还将为幼儿提供更多的机会，让幼儿进一步探索废旧物品的多种玩法。

健康教育课“可爱的小脚丫”[①]

(1) 老师带着孩子们做活动前的准备活动。

①在音乐的伴奏下进行走、跑、跳、蹲等基本动作训练。

②情景引入：“我们的小脚丫累了，让它休息一下吧。”幼儿自选恰当位置，围着教师坐下。

① 泸县福集镇中心幼儿园大班教师何萍供稿.

③老师用游戏口吻讲："我听见小脚丫说它在鞋子里热坏了，想出来透透气，你们想不想让你们的小脚丫到外面来透透气呢？"（愿意）请幼儿脱鞋袜，坐在草地上。（老师也光脚）"现在，我们来活动活动我们的小脚丫吧！然后边念儿歌边活动小脚：'小脚丫，点点头，摇摇头，拍一拍，搓一搓，爱护我的小脚丫。'"

④游戏"碰碰小脚丫"。幼儿（师生）之间相互用小脚丫碰碰对方的小脚，感受快乐（互相挠一挠，抓一抓，用脚趾互相挠一挠，把小脚丫伸出来挠一挠有什么感觉）。

（2）小动物结伴自由玩，然后进行游戏"夹动物跳"比赛。

①小动物们也想到草地上来玩，你们愿意和小动物一起玩吗？（愿意）好！那你们每人去找一个小动物和它做朋友，一起到草地上玩，想一想，你怎样跟它玩才玩得开心（老师巡回指导，发现好的玩法及时组织幼儿一起学习）。

②进行游戏比赛"夹动物跳"（分组进行）。

玩法：幼儿双脚夹住小动物，发令后，向前行进（也可跳跃），中间把动物丢掉的视为犯规。看看哪组小朋友最先获得胜利，对获得胜利的小朋友给以精神鼓励，增加孩子们的兴趣。

（3）练习用脚撕报纸，锻炼脚部小肌肉。

①教师出示报纸，看！这是什么呀？（报纸）对！这是一张没用的旧报纸，我的小脚丫挺厉害的，能把这张报纸撕破。不信，你们瞧！（老师示范撕报纸）

②幼儿练习撕报纸。要求：尽量用脚将报纸撕碎，将撕碎的报纸捡起团紧。

③游戏"夹纸团跳"。

玩法：幼儿双脚夹住纸团，发令后，比比看谁抛得远。

（4）想一想我们的小脚丫还有哪些本领？（幼儿：跳舞、走路、骑车、赛跑，等等）

（5）小结：原来，我们的小脚丫有这么大的本领，小朋友们快穿上鞋子、袜子，把它保护起来好不好？

随着音乐穿好鞋子、袜子，活动结束。

点评：该教学活动，运用了教学和游戏的优化组合，幼儿在灵活多样的教学方法指导下，参与了丰富多样的教学形式，练习脚步的各种基本动作，锻炼脚部肌肉；发展幼儿身体的灵活性和动作的表现力，养成活泼、开朗、勇敢的良好个性品质。

小青蛙跳田埂（体育）①

活动缘起：

我班幼儿在小班已经进行了一学年的赤足活动，孩子们都很感兴趣，活动积极性较高，体质增强了，发病率也减少了。班上孩子都很喜欢跳，在这次活动前他们在模仿动物时已经对跳的动作要领有了一定的认识，所以我把这次选择的教育活动设计成一个有故事情节的游戏活动，让幼儿在原有的基础上，进一步学习跳过25厘米～30厘米宽的平行线。生活在城市里的孩子对青蛙的生长过程及生活环境知道得较少，所以必须在活动前丰富这些方面的知识。

活动目标：

（1）在原有的基础上，准确地练习跳的动作。

（2）教幼儿学习跳过25厘米～30厘米宽的平行线，发展幼儿跳跃能力。

（3）让幼儿知道小青蛙是益虫，能保护庄稼，大家都要爱护它。

（4）通过游戏，培养幼儿的灵敏性、协调性及遵守纪律的良好品德。

活动的重点、难点：

（1）重点：学习跳过25厘米～30厘米宽的纸板（双脚并拢，两臂摆动的同时屈膝半蹲，蹬地向前跳过纸板，轻轻落地）。这次活动主要练习跳的动作要领，所以是重点。

---

① 摘自南京教材中班《健康》一书中“身体锻炼”教育活动的第24课。

(2) 难点：动作协调地跳过25厘米～30厘米宽的纸板。在掌握好跳的基础上增加了一定的宽度，孩子的动作要做到协调自然是不容易的，所以定为难点。

活动过程（三个部分）：

(1) 开始部分（约3分钟）：引起孩子的活动兴趣，要求精神饱满、积极愉快地参加活动。通过队形练习和纸板操，使幼儿上下肢及躯干部大肌肉群、关节、韧带得到活动，为基本部分做好准备。

(2) 基本部分（约17分钟，幼儿实际练习时间10分钟）：经过开始部分的准备，孩子的情绪已经比较投入，所以此时进行动作分解练习效果最佳。教师要保证有10分钟左右的时间让幼儿充分自主地活动。通过多种形式的教学方法和组织形式增加幼儿练习的机会，同时注意掌握好运动的强度、密度，控制活动量，脉搏指数为1.5～1.6。

(3) 结束部分（约3分钟）：游戏后让大家一起分享活动的喜悦，让幼儿在优美和谐的音乐声中慢慢放松身体，使原来兴奋的神经逐渐恢复到相对安静的状态，在轻松愉快的气氛中结束游戏。

点评：本案例反映了老师在备课时对活动内容和学生的基本情况以及场地利用情况充分了解，并做了认真分析综合考虑。这样制定出来的活动方案才具有可操作性、针对性和创造性，更能够达到幼儿健康教育的目的。

（二）主题统合教学

所谓统合，就是指由系统整体性及其系统核心的统摄、凝聚作用而导致的使若干相关部分或因素合成为一个新的整体的构建、序化的过程。新《纲要》将幼儿园教育内容划分为五大领域，从学科领域分类上讲，健康教育是一门相对独立的活动，具有自身教育的特点、规律和独特的教育功能与价值，但从幼儿园教育应促进儿童全面协调健康发展的角度上讲，健康教育又不能独自为战，应与其他领域的教育活动相互渗透，形成一个有机联系的育人体系。

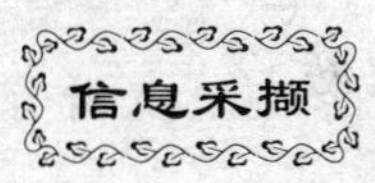

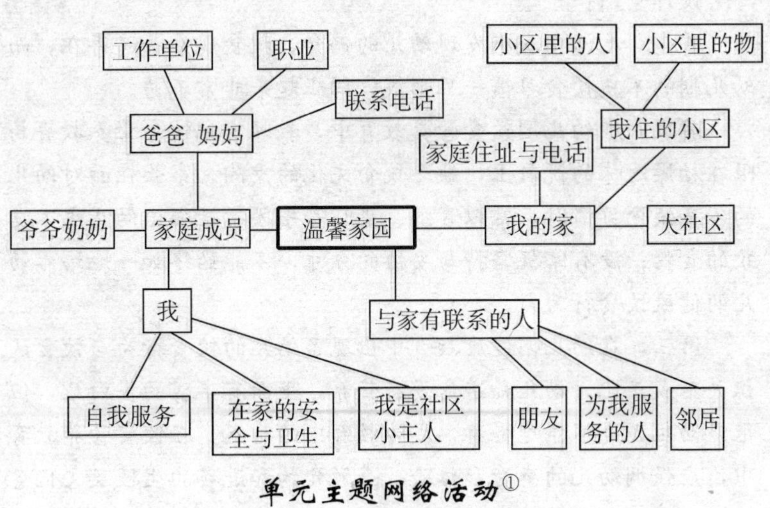

单元主题网络活动①

在主题活动中，我们依据健康教育的课程目标，结合幼儿的实际生活，把健康教育课程的目标与内容落实在每一个主题中，在每个主题中都整合了生理健康教育、心理健康教育与社会适应教育的内容。这样通过主题的形式保证了健康教育的实施。

① 甘剑梅. 学前儿童社会教育. 北京：中央广播电视大学出版社，2008.

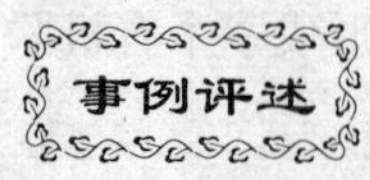

主题统合活动：蛋宝宝的衣服（大班）[①]

设计意图：

首先，生活中我们发现幼儿的偏食、挑食现象普遍存在，而幼儿期的不良饮食习惯一旦形成，纠正起来非常不易。

其次，在幼儿园饮食营养教育中，教师常把饮食营养教育局限在枯燥乏味的说教上，缺乏饮食文化的熏陶。家长在面对幼儿的不良饮食习惯时，常以责备、恐吓等手段硬性强迫幼儿吃不喜欢的食物；没有掌握坚持与妥协的分寸，不能始终如一地培养幼儿的健康饮食行为。

第三，在幼儿园健康教育中出现了幼儿的饮食行为与饮食认识并不成正比，幼儿知道禽蛋有营养，里面有丰富的蛋白质，但很多幼儿还是不愿吃蛋黄，成为教育中的难点。在饮食营养教育中，应强调幼儿的感受和体验，兼顾食物和进餐的生理及文化意义，拓宽饮食营养教育的视野。

活动目标：

（1）认识几种常见的禽蛋。

（2）会给煮熟的蛋剥壳。

活动准备：

（1）熟的鸡蛋、鸭蛋、鹌鹑蛋若干。

（2）有各种图案的画纸、胶水、抹布。

（3）教师和幼儿都洗净双手。

活动过程：

（1）游戏“神奇的口袋”，激发幼儿参与活动的兴趣。

---

① 赵寄石，唐淑. 幼儿园渗透领域课程. 幼儿园科学课程（中班）. 南京：南京师范大学出版社，2009.

教师：请每一个小朋友在神奇的口袋里摸一摸、猜一猜，是什么？

（2）引导幼儿认识、比较各种蛋。

教师：你摸到的是什么蛋？它们有什么一样？有什么不一样？

教师小结：这些蛋都是椭圆形的。鹌鹑蛋宝宝个子最小，穿着花衣服。鸡蛋宝宝个子中等，穿着有一点点红的粉色衣服。鸭蛋宝宝个子最大，穿着有点绿有点白的衣服。

（3）鼓励幼儿自己剥蛋壳。

（4）幼儿相互讨论，交流剥鸡蛋壳的方法。

教师小结：先将煮熟的蛋敲裂，用大拇指拨开蛋壳，连着蛋壳内的膜一起剥掉。

（5）让幼儿品尝剥好的蛋，提醒幼儿吃蛋时喝点水。

（6）操作活动。

蛋壳拼画：指导幼儿将碎蛋壳粘贴在有图案的画纸上。

活动建议：

教学变式：本活动可与幼儿吃点心环节衔接，剥好的鸡蛋作为点心供幼儿品尝。

活动延伸：用蛋壳制作不倒翁。

环境创设：将幼儿制作的蛋壳拼画布置在区角内。

家园共育：家长鼓励幼儿自己剥蛋壳，培养幼儿的动手能力和自我服务意识。

领域渗透：本活动可以和数学活动相结合，让幼儿给鸭蛋、鸡蛋、鹌鹑蛋等分类，数一数每种蛋有几个，谁多谁少；还可以将蛋按大小排序。

实施建议：

目标修改：

（1）认识几种常见的禽蛋。

（2）喜欢吃各种有营养的蛋，蛋黄和蛋白同时吃。

(3) 学习用蛋壳拼图。

修改理由：原目标1形同虚设，因为活动中幼儿无法体验吃了禽蛋是否“有益于身体健康”；而“剥蛋壳”不仅为活动预设了操作环节，更重要的是这是幼儿应该掌握的基本生活技能；“用蛋壳拼画”则关注到健康教育领域与美术教育领域之间的整合。

修改价值：避免了幼儿无法亲身体验却要幼儿有所感受时常常出现的说教；体现了幼儿健康教育是生活教育的理念，提倡幼儿从小做力所能及的事；自然地预设了领域整合内容。

点评：

(1) 健康认知。围绕鸡蛋这一主题，我们设计了两个健康活动“圆溜溜的鸡蛋”和“蛋宝宝的衣服”。两个活动各有侧重，“圆溜溜的鸡蛋”侧重让幼儿知道吃鸡蛋有利于身体健康，愿意蛋黄和蛋白一起吃；“蛋宝宝的衣服”侧重于幼儿在实践体验中提高健康认知水平，喜欢吃各种有营养的蛋。

(2) 健康行为。在教育过程中教育者不能满足于幼儿的口头认知，而应关注其行为，通过分析行为产生的心理原因，采用生动有趣的形式帮助幼儿正确理解粗浅的饮食营养知识，让幼儿获得健康饮食行为的自主建构。针对幼儿出现的偏食、挑食现象，强调幼儿的感受和体验，通过制作、品尝、讨论等多种方式的参与、互动，激发幼儿的食欲，学习平衡膳食。

(3) 健康态度。在学前幼儿饮食营养教育中，教育者从幼儿的年龄特点、心理特点、饮食习惯以及食物特点开展教育，而健康态度的情感作用常常会被忽视。然而，情感恰恰是连接健康认知和健康行为脱节的关键一环，是提高层次的催化剂。如幼儿在“蛋宝宝的衣服”中玩“神奇的口袋”游戏，感知、体验了不同禽蛋的特点，更激发了幼儿参与活动以及与蛋宝宝玩游戏的兴趣。在已全面认识了鸡蛋，知道经常吃鸡蛋有益于身体健康的基础上，鼓励幼儿自己动手剥蛋壳，进行蛋壳拼画游戏，品尝自己制作的鸡蛋色拉，让幼儿不再觉得吃鸡蛋是很痛苦的事。

及时进行健康教育，使学前幼儿的生活有了一个良好的开端。健康教育的开展，常常能在短期内就使幼儿建立起某种健康行为，但学前幼儿往往又很快改变已形成的健康行为，因而只有坚持不懈地开展健康教育活动，利用家园配合、日常习惯的培养、适时要求、领域整合等多方教育途径，学前健康教育效果才能真正得到体现。如在“圆溜溜的鸡蛋”、“蛋宝宝的衣服”活动开展期间，教师还可以请家长在家每天为幼儿准备一个鸡蛋，鼓励幼儿自己剥蛋壳，将蛋黄和蛋白一起吃；不仅在活动中安排了“蒸鸡蛋”、“煮鸡蛋”、“蛋壳拼画”等操作活动，活动后还提供了“制作蛋壳不倒翁”、学唱歌曲、玩禽蛋分类和按大小排序等多种游戏活动，让幼儿通过游戏喜欢鸡蛋，愿意主动和鸡蛋做朋友。抓住时机，进行教育，增加幼儿来自多方面的健康经验，使幼儿健康体验由一个范围扩散到另一个范围。这样，幼儿的体验不断充实，印象逐步加深，进而促进良好行为的形成。健康认知、健康行为、健康态度三者的有机结合也正是健康教育特色的体现。

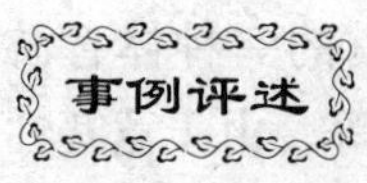

大班健康活动《保护牙齿》片段分析

某幼儿园教师引导幼儿边观看教师自制的课件《爱吃糖的老虎》，边听教师绘声绘色地讲述故事内容。在讲述的过程中，教师不时地将几个问题抛给幼儿：“老虎的牙齿为什么会脱落?”“糖为什么会使牙齿坏掉?”

卡通动画是幼儿乐于接受的事物，但根据以往的经验，幼儿在观看的过程中，较难从动画中转移注意力。所以在此次活动中我改变以往的方式，将动画制作成无声动画，再由教师配合讲述，在讲述的过程中穿插提问，使幼儿的注意力始终保持在动画与教师讲述之间。这样既满足了幼儿观看动画的愿望，又使得原本单调的观看中有了良好的互动效应。在这一互动中，我主要运用的是指导、提问的方式。健康教育与语言教育活动统合，在听故事中懂得保护牙齿的道理。

（三）推行项目引领

项目活动就是幼儿在教师的支持、帮助和引导下，围绕大家感兴趣的某个“话题”或“问题”进行深入研究，在合作研究的过程中发现知识、理解意义、建构认识的过程。它与主题单元活动具有很多相似之处，它们都重视以幼儿的知识经验为教育的基础，以幼儿兴趣为活动的生长点，强调活动的生活化和学习形式的整合，引导幼儿全面发展。两者最明显的不同在于项目活动具有典型生成性活动的特点，它不是由教师单方面预先设计的，而是教师与幼儿围绕某一“话题”或“问题”共同发展，合作建构的，幼儿在活动中具有较大的自主选择权。项目活动是幼儿园教育活动的一种重要方式，也是健康教育实施中常用的形式。

1. 竞赛项目活动

竞赛项目活动是以互相比赛的方式分出胜负的一种体育游戏，一般分队进行，如“插红旗”、“小马运粮”等。由于竞赛性游戏强调结果的胜负，而小班幼儿还不太懂，兴趣只在游戏动作和过程本身，所以一般不在小班运用。中班幼儿开始注意到游戏的结果，并逐步产生比赛的兴趣，对竞赛性游戏有所理解，因此从中班开始选用，到了大班逐渐增多。

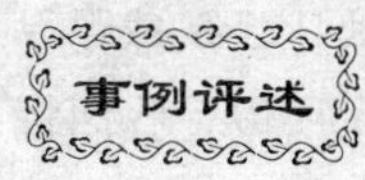

自理能力大比拼[①]

一幼儿园教师，为了提高幼儿自理能力和同伴间的合作能力，因地制宜，设计了一系列自理能力大比拼的竞赛游戏。

道具：两套儿童衣服、鞋子、帽子、油彩。

方法：将幼儿分成两队。各队一个小朋友坐在对面终点，衣服、油彩放在旁边。

比赛开始，每队第一个幼儿跑过去给他穿上衣服，然后跑回来。第二个幼儿跑过去给他穿裤子，接着依次穿鞋、戴帽子、化妆，最后返回。速度快者胜利。

跳绳快跑

道具：跳绳若干。

方法：将幼儿分成两队，每人一根跳绳。比赛开始，两队各一名队员跳绳前进，至终点，跳绳返回。第二名队员继续，至最后一名队员。快者胜利。

小小建筑师

道具：2个塑料小车，厚海绵积木。

方法：将幼儿分两队，终点各站一个。比赛开始，每个小朋友带一块积木坐小汽车运到终点，交给“小建筑师”，“开车”返回，换第二个人，直至所有的积木都运到终点并搭好。快者为胜。

2. 球类项目游戏

竞赛式游戏，可以培养公平竞争意识、自我意识，使大班幼

① 泸县加明镇中心幼儿园幼儿教师何旭供稿.

儿竞争意识增强。表现在游戏中，他们总爱跟同伴比，从球踢得多远，到自己拥有多少种球等，都渴求胜人一筹。所以，我们将竞赛式球类游戏作为大班球类游戏的一个重要内容进行研究和设计。以符合幼儿特点的球类游戏作为园本课程进行构建和实施，促进幼儿的身心发展，提升幼儿园的体育教学质量。

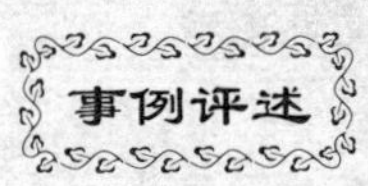

“抢”球大赛

准备一些乒乓球和几把大一点的汤匙，把乒乓球放在洗菜的塑料筐里，我和宝宝每个人手里再拿一个小碗。“比赛”开始以后，我和宝宝用勺把球舀到小碗里，看谁舀得多。我当然要让着一点孩子，如果有朋友的小孩来玩，让小朋友们之间一起玩耍就更好了。【特别提醒：最好不要用较小的玻璃珠，容易发生危险】

另外，还可以开展“看看哪组最快将球运到对岸”、“看看哪队投得最准”、“看看哪组的球滚得最多”等的比赛。游戏中提高宝宝的手控制能力和手眼协调性，帮助宝宝建立竞赛意识。

用脚推球。

让宝宝面对墙50厘米的距离坐下，并用胳膊在身体后面支撑地，放一个球在宝宝脚下，让宝宝先练习原地用脚底板滚球，等熟练了以后，教孩子用脚把球踢出去，并尽可能用脚接住反弹回来的球。【目的：增强宝宝的下肢运动能力和控制能力】

“吹”球射门。

准备一个乒乓球并用积木搭一个小门当“球门”，把乒乓球放在距离“球门”20厘米以外的地方。我先示范如何用嘴吹球进球门，然后鼓励宝宝尝试着做。宝宝进球的时候，我及时鼓励宝宝。这个游戏最好在软垫子上做，桌子太光滑了，球会到处乱跑。游戏时间不宜太长，否则不利于孩子健康。【目的：提高孩

子的肺活量，增强身体素质】

球类游戏容易让孩子兴奋，所以最好在午睡以后再引导孩子玩球类游戏，时间不宜过长。球类游戏最好的游戏场所是室外绿地。还要根据不同的游戏，给孩子选择大小合适的球。

3. 玩水游戏

法国妇产科医生勒博耶曾经把刚出生的婴儿放进与羊水差不多温度的水里，结果这个婴儿不但不怎么哭，脸上反而还带着平和的微笑。在娘胎里生长 10 个月时间的宝宝已经学会了游泳，同时也已经习惯了在水里的感觉。还有一种研究结果表明，刚出生没几天的婴儿可以在放满水的玻璃箱子里敏捷地游泳。可能是因为生命的最初阶段是在羊水里度过的缘故吧，宝宝都很喜欢水，并且在玩水的过程中能学到很多知识。

水是生物体的重要组成部分和生活中不可缺少的物质，孩子对水怀有极其浓厚的兴趣和特殊的感情，每次盥洗活动都是孩子们最快乐的时候之一。我们紧紧抓住幼儿爱水，爱玩水这一特点，设计了一系列由浅入深的认识水的活动，把孩子们无意识的戏水引导成一个个生动有趣的认识探索过程，提高了幼儿的认识，锻炼了他们的能力。水是孩子喜欢的天然教材，应该让孩子多玩水并从中学到知识。孩子玩水不但有利于形成水的概念，还有利于培养孩子良好的生活习惯。妈妈在洗衣服或在厨房里忙碌的时候，有的孩子想帮妈妈干些活，孩子的这种想法也有利于培养良好的生活习惯。

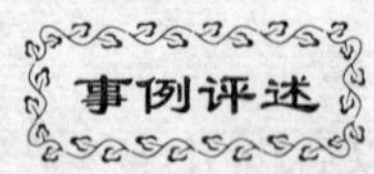

玩水游戏（小班）[①]

目标：让幼儿在玩水的过程中感知水的特性，知道水是没有气味、没有颜色、没有味道、会流动的。

内容：

准备：各种玩水的工具（压水器、大脸盆、瓶子、漏斗、旋钮玩具）。每位幼儿准备一个扎有小洞的塑料袋，牛奶、水壶两个，毛巾若干。

过程：

1. 准备好各种玩水的工具，让幼儿尽情地玩水，使幼儿知道水是透明的。

提问：(1) 你们在玩什么呢？

(2) 水是什么颜色的？（从而引出牛奶与水的比较）

(3) 小手放到水里能看到吗？（从而教词：透明）

(4) 组织幼儿将色纸放到装有牛奶与清水的杯子后面进行比较。

2. 幼儿进行戏水材料的活动，知道水会流动。

(1) 出示瓶子和风车漏斗。教师用瓶子舀水，倒入漏斗。看看水是怎样从漏斗口流出而使风车转动，感知水会流动。

(2) 出示胶管、塑料袋。让幼儿自由操作并知道水会流动。

3. 通过嗅觉和味觉感知水是无味的。

师："小朋友玩得有点累了，下面请你们喝点水歇一歇，喝的时候请闻一闻有没有气味，用舌头尝尝水有没有什么味道。"

4. 教师小结：水是没有颜色、没有气味、没有味道，透明，

---

① 资料来源：http://www.diyifanwen.com/jiaoan/youjiaochangshijiaoan/22435307622243536977 6327.htm.

会流动的。

5. 讨论水的用处（在日常生活中所看的）。

(1) 你看到爸爸妈妈用水可以做什么？（自由讨论）教育幼儿多喝开水。水可以淘米、洗菜、洗手等。

(2) 人如果没有水会怎样？鱼呢？花草树木又如何？

(3) 师：水的用处这么大，我们应该怎样节约用水？

节约用水的方法：①平时洗手时不要把水龙头开得很大。②看见水龙头处没有人时要及时关起来。

6. 对幼儿进行安全教育。

大人不在时，幼儿不要独自到水深、水多的地方玩水。

● 浮沉游戏。给幼儿提供一些物体：其中有些能在水中浮起，另一些会在水中下沉。在幼儿试验之前，可以先让他们猜测，哪种物体能浮起，哪种物体会下沉。试验完毕之后，应该向孩子指出，浮起的物体通常是轻的东西（如羽毛），或者充满了空气的东西（如乒乓球）；而下沉的物体通常是重的东西（如石子、玻璃球等）。

● 吸水游戏。准备好海绵、绒布、金属块、塑料块等物品，让孩子猜测，哪些东西会吸水，哪些东西不能吸水。接着由孩子进行试验。

● 水泡游戏。用肥皂水吹水泡，或者把空瓶子全部没入水中，让它翻出水泡，也可以使用小管子，把它的一端伸入水中，用嘴在另一端吹气，使水中冒出水泡。

● 颜色游戏。带有颜色的液体或能溶解的碎屑，掉进水中后，其颜色会在水中逐渐扩展开来，并最终改变了水的颜色。这对幼儿来说，是非常有趣而离奇的事情。

● 家务性游戏。让孩子用水洗涤洋娃娃的衣服及茶碟、塑料玩具、小手帕等。

● 品尝游戏。大人可以为孩子提供几种粉状物或结晶体，例如小苏打、砂糖、食盐、面粉、果珍、咖啡等。要孩子把这些东西一一溶于水中，观察其溶解过程，随后品尝水的味道。

● 其他游戏。如：把一些石子放进盛水的容器中，使水平面升高，同时可以给孩子讲乌鸦喝水的故事；使幼儿注意到，一根长棒在盛水的玻璃杯中改变了形状（指折射）；把一只瓶子装满水，然后倒过来使水流出，让幼儿听那有趣的"扑扑"声；用一根软管，用虹吸的方法，把水从一个容器转移到另一个容器；用一支U形玻璃管，把水倒入其中，不用倒满，接着使玻璃管处于倾斜或变动的状态，让孩子观察管子两边水平面的变化；把水倒入狭颈的瓶子中，一种方法用漏斗，一种方法不用漏斗，先问孩子哪种方法容易，接着让他自己试验；用麦管吸饮有色饮料，是孩子最感兴趣和尤为得意之事。

在玩水游戏过程中，家长还可以培养孩子的语言表达能力。如可以和他们谈天气、河流、湖泊、生长的庄稼，用水制作的饮料等；也可以围绕蒸发、凝固、沸腾等现象与孩子交谈。让宝宝懂得水的奇妙，世界的奇妙，借以增强幼儿的好奇心。如果孩子对谈话不感兴趣，就不必强求，可以留待以后交谈。

为小马造树林①

活动目标：

（1）通过铲沙、拍沙等动作，促进幼儿上肢动作的发展。

（2）培养幼儿初步的环保意识。

（3）在玩沙中让幼儿自由结伴，培养幼儿合作游戏的能力。

活动准备：

（1）幼儿每人一顶帽子，一双拖鞋。

（2）玩沙工具（铲子、小桶）。

（3）每人自制插塑小树若干。

① 资料来源：波波嘟亲子网，http://www.popodoo.com/space/html/09/n-16909.html.

活动过程：

1. 引题

(1) 师讲故事：小鸟住在树林里很快活……后来树林被人们砍光了。

(2) 提问：树被砍完了，小鸟能生活在树林里吗？激发幼儿再造树林的愿望。

2. 交代玩沙要求

(1) 使用铲子要小心，顾前又顾后，铲子别举太高，以免沙子扬起，落到小朋友身上。

(2) 沙子若丢入眼睛中，不要用手揉，要请老师帮忙。

(3) 玩好以后要清理身上沾上的沙子，才能出沙池。

3. 幼儿玩沙，教师指导

(1) 鼓励幼儿自由结伴，用不同的工具玩。

(2) 想出各种堆沙山的办法，如铲沙，用手捧沙，用手兜沙，再把沙拍得紧紧的，不会塌下来。

(3) 在造好的山上种树木，变成树林。

4. 结束部分

(1) 表扬幼儿的造树林行为，体验为小鸟做好事的自豪情感。

(2) 整理衣着回教室。

4. 日光浴

美国波士顿大学的霍利克教授曾描述说：“身体中通过紫外线光束产生的维生素 D_3 是太阳送给人类（包括孩子）的最大礼物。”日光浴是一种利用日光进行锻炼或防治慢性病的方法，主要是让日光照射到人体皮肤上，引起一系列理化反应，以达到健身治病目的。日光浴常和冷水浴、空气浴结合运用。

需要注意的是：

(1) 日光浴的持续时间应本着循序渐进、逐渐延长的原则安排，如开始先洗手和脸，每日 1～2 次，每次 5～10 分钟，以后逐步扩大日晒的部位，日晒时间也逐渐延长。

（2）冬春季节天气寒冷，日光浴最好安排在中午气温升高之时施行，且要做好宝宝的保暖工作，衣裤穿戴力求暖和，避免受凉。上午10点以前，下午3点以后不宜晒太阳。

（3）要选择室外避风之处，遮盖好宝宝的眼睛，或戴上有沿的白布帽。

（4）空腹和刚进食后不宜日光浴。

（5）患有某些慢性疾病或对日光过敏者亦不宜日光浴。

（6）身体不舒服不要去。

（7）正在服用药物不要去，除非医生告诉你那种药物不会和阳光产生作用，如磺胺类的药物就可能出现过敏。

（8）晒太阳前少食用感光食品：柠檬、马思汗等。上网去搜索，你会知道哪些属于感光食品。

（9）必要时戴墨镜，保护眼睛。

（10）最后要告诫家长的是，在进行日光浴期间应密切观察孩子的变化，如果出现出汗过多、睡眠不好、食欲减退和易疲乏等症状，应停止日光浴，并请专科医生检查处理。

自然灾害常常具有突然性和难以预见的特点，会给人的生命安全造成巨大伤害。氢，一旦发生了这种自然的灾难，我们可以以此为鉴，生成一些有意义的活动内容和形式，引导幼儿获得一些相关的知识经验和避险技能。

5. 自然灾难生成的活动

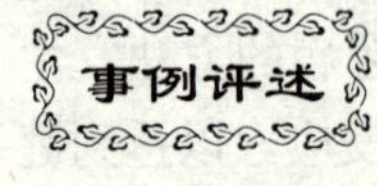

汶川救援

“5·12”汶川大地震深深牵动着孩子们的心，每天来园后幼儿们总是讨论这个话题。四川某幼儿园为了提高幼儿的自我保护意识，让幼儿掌握一些地震自救的方法，锻炼孩子们的灵活性和协调性，养成不怕困难、勇于挑战的良好品质，结合该园户外场地的实际情况，和幼儿比较喜欢玩户外体育游戏、大肌肉动作比较灵活等特点，开展了此次活动。

活动是让幼儿自由选择角色进行游戏。要求："灾民"要找好地点不能动；"战士"动作要迅速，将获救的灾民送往医院。

(1) 救援行动开始。指导重点：引导幼儿在动作迅速的同时注意身体的安全，并选择不同道路救人。

(2) 活动过程。教师调整材料提高路途难度，"余震又来了(雷鸣声响起)，道路更加难走了"，启发幼儿想出各种方法通过道路。

(3) 游戏结束。教师以指导员的身份慰问"灾民"和"战士"，进行总结性提问：救援时有困难和危险吗？你是怎样做的？

评述：整个活动以幼儿感兴趣并特别关注的汶川大地震为主线，教师和幼儿共同扮演角色进行游戏。教师为孩子提供了足够的创造空间，有不同道路允许孩子选择，满足了不同水平幼儿的需要，同时使每一个孩子都得到提高，获得成功的快乐。游戏中教师没有把钻、爬的动作直接教给幼儿，而是让幼儿在游戏中自己探索发现，鼓励同伴间相互学习，增强幼儿的自信。

第四章　幼儿健康教育活动的主要方法

幼儿园教育活动设计的基本方法也就是我们常说的教学方法[①]。“教学有法、教无定法”，这就是说只有把方法灵活地运用到整个教学活动中去，才有理想的效果。幼儿园健康教育活动的方法是教师为了完成一定的活动任务，师生共同活动中采用的手段，既有教的方法，也有学的方法，它是随着健康教育活动的出现而逐渐发展起来的。健康教育活动的方法体现了特定的教育和教学的价值观念，它指向实现特定的教学目标要求，受到特定的教学内容和具体的教学组织形式的影响和制约。

一、观察法

观察法是教师有计划、有目的地引导幼儿感知客观事物的一种方法。观察活动可以是幼儿主动的、自发的，也可以是教师专门组织的。著名教育家陶行知先生说：“教育为本，观察先行。”没有仔细的观察，就谈不上正确的、有效的教育方法。

《纲要》要求我们要适时地给予幼儿指导，通过周密的观察，我们就可以不失时机地给予幼儿启发性的建议，在游戏中隐性地指导幼儿。例如，在自理能力的教育活动中，将幼儿在自理能力方面的薄弱环节摄制成录像，让幼儿在观看自己和他人的行为中获得对正确行为习惯的认知，从而调整自己的行为。“整理自己的物品、自己进餐并清理桌面”等内容都可以通过这个方法来练习。

（一）提供观察样例

样例在技能习得的早期扮演着重要的角色，它能减少尝试错误的次数，减轻学习负担，提高学习效率。在健康教育活动开始，教师可以给幼儿提供观察样例，让幼儿注意并熟悉观察对象，为此后的学习“定向”。教师要向幼儿提出观察目的，即观察什么，引起观察兴趣，引导幼儿自始至终有目的地进行观察。

要培养儿童的观察兴趣。教师可以通过观察法扩大儿童的生活视野，丰富生活内容，提供各种生动有趣的观察对象，引导他们进行各种观察活动。

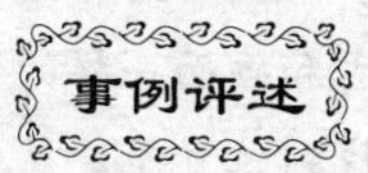

快乐小哥俩

教师引导幼儿自主观察了解洗手的部位和方法。师：我们一起来看看小姐姐是怎么洗手的。教师播放第一遍幻灯片。师：看看小姐姐在洗什么地方？小姐姐是怎么洗的？（依次观察手指尖、指肚、手背、指缝、指侧、拇指等）。（教师引导幼儿边观察边洗）

教师用幻灯片展示小姐姐洗手的标准样例，给幼儿观察学习，掌握洗手的正确做法，这样有利于幼儿盥洗能力和自我服务能力的提高，也有利于减轻教师工作负担，具有现实意义。

萝卜熟了

“萝卜熟了”活动中，教师首先出示《萝卜熟了》的挂图，幼儿观察：“兔妈妈给小兔子们种了许多萝卜，我们看一看都种了什么萝卜？”（幼儿依次说出白萝卜、胡萝卜、红萝卜）；接下来，幼儿又观察三种萝卜的特征：“白萝卜是什么颜色？它是什么样子的？”

此活动中，教师给幼儿提供萝卜样例，让幼儿观察认识、分辨萝卜，充分调动幼儿的多种感官参与认识萝卜、了解萝卜的价值，为幼儿以后明白不挑食，多吃萝卜的价值打下基础。

运用形象生动的课件图片作样例激发幼儿观察兴趣

队列活动：小班的孩子站队，总是这里一个，那里一个，根本就站不成一队，教师去揪揪这个，那个又出来了，看！快乐点击，以小猫、小兔、小鸭、小老虎等可爱的画面出现了，点击鼠标，小动物迅速排成了一队，站好了队，许多小花洒落下来。孩子们看见了，纷纷伸出小手说："给我一朵，给我一朵。"结合这个契机，我及时引导幼儿来学习站队，把幼儿分成和画面一样的小动物组，你会发现孩子们不拥挤了，能很快地找到位置了，然后老师的一朵小花让孩子们兴奋不已。他们会模仿小动物的表情来谢谢老师。

洗手活动：每次孩子们会挤到一起，然后草草地洗两下就完事了，我提醒孩子们快来看快乐画面。点击鼠标，可爱的小猪，一双脏脏的小手，小鹿老师教给小猪洗手："手心手背都洗到，洗的小手真干净。"孩子在看的同时也在专心地学着，还模仿小鹿老师的表情呢！这些图片看似很简单，但符合幼儿的年龄特点，拟人化的动作、表情，鲜艳的色彩，动感的画面，深深地吸引了幼儿，并成为幼儿学习的榜样。在快乐点击的同时，为幼儿尽快熟悉集体、养成良好习惯打下了坚实的基础。

（二）进行观察指导

观察过程中，教师要用语言和手势进行指导，教幼儿按顺序观察和用比较的方法观察，即怎么观察。同时调动幼儿的多种感官参与观察，并有意识地在观察活动中发展幼儿的语言。

首先要教给幼儿观察方法。除了让幼儿了解观察顺序外，还可以教幼儿运用比较方法进行观察，这也是观察法教学中最常用的方法，如观察比较苹果和梨的异同，正确组织幼儿观察。观察前要提出明确的观察目的和要求，而不是让幼儿胡乱观察。

其次观察过程中要集中幼儿的注意力，以语言和手势指导观察，启发幼儿用语言描述观察到的事物，并尝试让幼儿自己去发现、分析和解决问题。

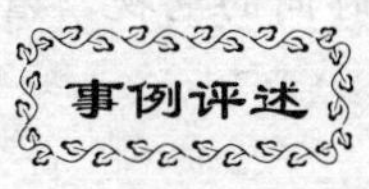

“动物怎样保护自己”

教师首先组织孩子看光盘。看光盘之前，给孩子们提出两项任务：一讲了几种小动物。它们是用什么方法来保护自己的。二看光盘介绍了几种动物：斑马、墨斗鱼、枯叶蝶、竹叶虫、大象、毒蛇、兔子、蚯蚓，每看完两种动物后，老师提问动物的名称，它们自我保护的方法。看完光盘后组织孩子们讨论看到的这几种动物的自我保护方法并归纳。在这个案例中，幼儿对看光盘这种形式很感兴趣，看的时候也很认真；在讨论的时候，幼儿积极主动发言，发挥了主动性、积极性；通过看光盘，丰富了幼儿的知识，开阔了眼界；老师在播放光盘时注意引导幼儿了解动物的自我保护方法，使孩子记忆比较深刻；由于看一次光盘看到的动物较少，所以幼儿还不能将动物自我保护的方法归纳出来。

观察操作卡，知道要保护自己的五官

师：老师还给小朋友带来了一张好看的图片，你们想不想看。（想）出示操作卡一，提问：图片上有谁？他们在干什么？他为什么肚子痛？（师：对了，这个小朋友因为吃了不干净的东西，所以肚子痛了）

师：老师这里还有两张好看的图片呢，你们想不想看？（想）那先闭上你们的小眼睛等老师数到三再睁开来。出示操作卡二和

卡三，师提问：他们在干什么？医生为什么要帮小朋友看耳朵和鼻子？（因为他把东西塞到了耳朵和鼻子里。结果怎么样？结果只能上医院去找医生帮忙拿出来了）我们小朋友可不能学他们，我们要保护好自己的五官，不吃那些不干净的东西，不能把东西塞到鼻子和耳朵里。我们的眼睛呢？你们知道不知道应该怎样来保护它呢？（不能用脏东西揉眼睛，不能看很长时间的电视，看电视还要保持一定的距离）

遵守交通法规靠自觉

师：从小养成交通安全意识，长大了就更要遵守交通法规。我们来观察这样一张图片，看看你发现了什么？

幼儿观察汇报。（惊呼）有人横穿马路……太危险了……

师：你从哪儿看出危险了？

幼儿：车很多，车速很快，他还跑……

师：现在画面定格在这里，请你设想后面发生了什么情况？

幼儿：出事故。

师出示小组讨论要求。

幼儿讨论（重点分析出事故或无事故的原因及条件）。

幼儿：设想出事故原因（因车速快没刹住车；也许他没事却造成了他人的交通事故；在司机疲劳驾驶的情况下容易出现交通事故；在司机酒后驾车的情况下容易出现交通事故；机械突然失灵；司机在和别人说话，精神不集中；突然看到他忙中出错，尤其是新手有可能在慌乱中误将油门当成刹车踩……）

师：做个换位思考，假如你是照片中的他，你会这么做吗？出事故的原因中有多少条件是你能控制的？

小结语：我们唯一能控制的就是我自己的行为，遵守交通法规靠自觉。

（三）巩固观察成效

观察结束时，要总结幼儿观察到的现象，让幼儿将观察到的知识进一步巩固和条理化。同时还可以做观察记录，记下她们的感受、体验、发现与认识。所谓观察记录即是运用观察的方法，在日常生活的场景中，选择可以表现幼儿个性或某方面发展的有价值的行为，运用记叙性和描述性语言记录他们的动作、语言和活动，并且加以适当的分析，从而使我们更深入地了解孩子，获得真实具体的信息。这样既能对幼儿进行横向分析，显示出幼儿的发展轨迹，又能通过纵向分析，了解幼儿在群体中所处的发展水平。记录方式可以用笔录、磁带、绘画等多种形式。

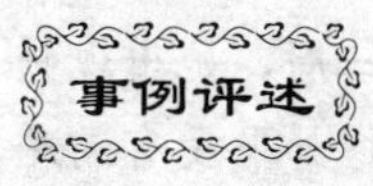

随机式记录[①]

随机式记录即将自然情景中幼儿有代表性的行为记录下来。对象可以是一人也可以是多人，每天不只针对一个幼儿，所记录的对象也不一定都一样，那些行为比较特殊的幼儿被记录的机会可能较多。下面就是对平时比较调皮的培培、小玉两位宝宝在一次区域活动的记录：培培、小玉、严路嘴里哼着“摇篮曲”哄娃娃睡觉，亨亨在一旁跑来跑去，大声喊叫。培培、小玉竟然会一起说：“宝宝要睡觉，亨亨你不要吵。”亨亨听了也跑过来和大家一起做游戏了。

在将客观事实写出时，我们注意到了下列事项。首先，教师要随身带着纸（一般用卡片）和笔，以方便随时随地记录；其次，教师自己也是与被观察者有互动关系的人，自己的行为包括所说的话和所做的动作也要据实记录。再次，记录幼儿的行为

① 泸州职业技术学院 2009 级学生见习中观察记录.

时，选择可以引起我们思考的内容，要记录幼儿行为发生的时间、当时的情景以及幼儿的主要反应。最后，教师要注意不能本末倒置，为了记录而把自己参与活动的主要工作忽略了。

跟踪式记录

跟踪式记录即对某些行为比较特殊的幼儿进行一段时间的观察与记录以及分析。下面是泸县农村幼儿园一幼儿教师对新入园的唐莉小朋友的一组观察记录：

1. 2010 年 3 月 1 日至 2010 年 3 月 31 日

莉莉刚入园一两天，情绪、行为并无任何强烈的反应，从第三天开始就不愿意进教室，只要跨进教室门便手脚乱踢，伴随着哭声、尖叫声，随后几天也是如此。到了第二、三周，她出现频繁要求上厕所，不让老师碰她的身体的异常情绪，如果没有满足这些要求，她就会不停地喊着上厕所、要回家，任何安慰都不能起到作用。

分析：幼儿从自己熟悉的家庭环境到一个陌生的环境，面对幼儿园、不认识的老师、同伴，心理上产生不适应感，情绪则是恐惧、焦虑、不安，由此产生了行为上的异常。这种情绪上的冲刺性与她的大脑皮质的兴奋容易扩散，以及皮质下中枢的控制能力发展不足是有联系的。

2. 2010 年 4 月 1 日至 2010 年 4 月 15 日

这段观察之前，小雨曾经休息了七天。因此，4 月 12 日，我特别留意了她的表现，进教室仍然是被老师抱进来的，但哭闹一阵后，她的注意力转向旁边吃早餐的同伴，情绪逐渐稳定。接下来的几天，偶尔生活、活动时突然哭起来，一边哭、一边自言自语地说："我不哭了，妈妈下班来接我的。"过后，又能与小朋友一起愉快地玩游戏。

措施：从幼儿的表现看出，幼儿已逐渐学会了调节自己的情绪和情感，有了观察、了解他人的愿望。这是一个良好的契机。

在活动中，我们有意地邀请善于表达的、活泼的幼儿与她一起玩，让他们互相说话、活动，加深她与他人的交往，表演活动中指导她大胆地表现，通过同伴之间拍肩、点头、握手等身体接触，进一步促进幼儿的情感体验，降低不适应感。

3. 2010 年 4 月 16 日至 2010 年 4 月 30 日

唐莉已经能与妈妈道别，自己走进教室。在老师指导下，上位就餐，游戏时会与同伴一起玩，搭积木或其他建筑玩具时，会拍拍旁边的小朋友，欣赏自己的作品，告诉他们自己搭的是什么东西。有时不高兴，会皱起眉头或是撅起嘴巴，但马上又消失了。

分析：随着幼儿对同伴交往的深入和对幼儿园环境的熟悉，唐莉情绪稳定，一方面，反映了唐莉从初期不会自我调节情绪表现，到开始产生、控制、调节自我情绪表现的意识；另一方面，也表明唐莉初步的社会化情绪的产生。

小结：从唐莉小朋友的表现，我们更好地了解了幼儿情绪社会化的发展过程，从无到有，从兴奋到稳定，从外露到内隐，从而更有针对性地予以指导、教育，缩短幼儿兴奋的程度、时间，以加速、提高幼儿的稳定情绪，培养一个有良好情绪的、社会化的人。

反思式记录："动物怎样保护自己"

幼儿看完光盘后组织他们讨论看到的这几种动物的自我保护方法并进行归纳。①幼儿对看光盘这种形式很感兴趣，看的时候也很认真。②在讨论的时候，幼儿积极主动发言，发挥了主动性和积极性。③通过看光盘，丰富了幼儿的知识，开阔了眼界。④老师在播放光盘时注意引导幼儿了解动物的自我保护方法，使孩子记忆比较深刻。⑤由于看一次光盘看到的动物较少，所以幼儿还不能将动物自我保护的方法归纳出来。

二、讲解法

讲解法是指教师以语言为载体，向学生传输知识信息、表达思想感情、启迪学生心智、指导学生学习和调控课堂活动的一类教学行为。讲解在指导学生掌握系统的结构化知识、充分发挥教师的主导作用方面有着明显的优势。

美国教育心理学家奥苏贝尔就认为，对学生来说，获得知识最经济、最有效的方法是有意义的言语接受学习。苏霍姆林斯基在谈到教师的素养时指出："教师的语言修养，在很大程度上决定着学生在课堂上的脑力劳动的效率。"优秀的教师语言的魅力就在于它能够在教学过程中化深奥为浅显，化抽象为具体，化平淡为神奇，从而激发起学生学习的兴趣，引起学生的注意力和求知欲。

运用讲解法时，应做到讲解目的明确，简明扼要，通俗易懂，正确使用术语。讲解时运用指示、口令、口诀、口头信号和比喻等，有助于加深对讲解内容的理解。比如，在幼儿体操教学中，运用示范讲解法的目的是为了让幼儿看清所学动作的外部形态，领会完成动作的技术关键，了解动作各个部分之间的内部联系，从而正确地、迅速地掌握所学动作的技能技巧。

（一）讲解的直观性

幼儿时期的心理具有直观性、可感受性等特点。遵循直观性原则，具体而形象地向幼儿讲解有关基本的生活知识、卫生知识、安全知识和技能，基本的体育卫生知识以及心理健康的一些粗浅知识，可以提高幼儿对健康教育的兴趣，促进幼儿健康教育活动有效开展。

学龄初期儿童形象思维占优势，讲解语言生动活泼、新鲜有趣，尽量"寓教于乐"、"以趣激情"，才符合幼儿的年龄和心理特点。例如，老师下达"立正"的口令。说："自己体会一下，你像不像一棵小白杨树？"这样原来没有挺胸抬头的幼儿立刻纠正自己的动作，调动了他们的学习情绪。这里最忌讳照搬教材固定术语，板起面孔，枯燥乏味。

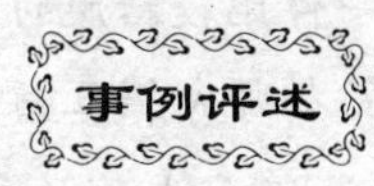

讲解与多媒体技术操作结合提高讲解的直观性

一幼儿园教师培养幼儿自理能力，将讲解与操作结合，开展了“给玩具找家”、“给娃娃穿鞋子”等活动。

★活动“给玩具找家”就是简单的玩具归类，孩子点击鼠标，找对位置，画面上就会出现“你真棒！”或者“你太粗心了，再试试吧。”鼓励性或提示性语言，增强了讲解语言的直观性，孩子们活动的兴趣很浓厚，会不知厌倦地进行游戏，因为在游戏中他们得到了肯定与激励，在游戏的同时还学会了玩具归类的本领。

★自理能力活动“给娃娃穿鞋”也是这样，孩子点击鞋子，就可以认识许多鞋子的名称、颜色，还可以认识大与小，左与右，非常适合小班的幼儿，幼儿每次探索活动都会有新的感受和乐趣。在活动中，教师也要积极参与，对幼儿进行讲解指导，结合多媒体，增强教师讲解的直观性，对幼儿进行全面的教育。

分析：对于年龄小的幼儿来说，知识经验很欠缺，老师在活动中不要对孩子进行知识的灌输，而是要培养兴趣，让孩子建立自信，增加师生间的交流。在运用多媒体技术时，课件制作要有趣，色彩鲜艳，配上有趣味的声音，这样教师的知识讲解就变得直观形象生动了，就可以吸引幼儿。但并不是多媒体技术就代表了一切，在活动中，教师还可以与幼儿合作完成，或者教师充当支持者指导幼儿完成，引导幼儿去操作、去大胆地点击画面，帮助幼儿找到自信，找到成功。

“手指一家亲”①

认识“五指的名称”对于小班幼儿来说，是一件比较枯燥的事情。幼儿教师是怎样运用形象生动的讲解的呢？教师介绍五指一家。

师：小朋友们可真聪明！很快就猜出来了。

师：今天，我向大家介绍一家人，是五指一家人，他们谁都离不开谁，他们是亲亲热热的一家人。

用儿歌示范讲解五个手指的名称，教师边讲解边伸出相应的手指。

师：你们看！（教师拿出藏在后面的手，并握拳）这家人来了。

师：食指是妈妈，妈妈有双勤劳的手，每天都把饭菜烧！我们向妈妈问好吧！（食指妈妈好）

师：中指是爷爷，爷爷天天练身体，他的本领最最大！中指爷爷好！（中指爷爷好）

师：无名指是奶奶，奶奶每天笑哈哈，经常把我夸！怎么说呀？（无名指奶奶好）

师：小拇指是我自己，我是聪明的乖宝宝，学习本领和文化！小拇指自己棒不棒呀？（小拇指自己非常棒）

师：大拇指是爸爸，爸爸工作最辛苦，最后起床就是他！大拇指爸爸好！（大拇指爸爸好）

教师出示手掌图谱，随着儿歌给五指贴上相应的人物头像。

引导幼儿边念儿歌边随老师伸相应的手指。

师：他们一家人特别亲密，他们开开心心地度过每一天。晚上到了，他们休息了（五指握拳）。

---

① 资料来源：http://www.ankang06.org/space/? action－teachermatch－type－browseworks－workid－2980，浙江省杭州市江干区三里亭幼儿园教师祖丽丽.

师：天亮了，他们该起床了，我们一起叫他们起床好吗？大家把手伸出来！边说边把他们请出来。

师幼：食指是妈妈，该起床了，妈妈有双勤劳的手，每天都把饭菜烧！

师幼：中指是爷爷，该起床了！爷爷天天练身体，他的本领最最大！

师幼：无名指是奶奶，起床了！奶奶每天笑哈哈，经常把我夸！

师幼：小拇指是我自己，起床了！我是聪明的乖宝宝，学习本领和文化！

师幼：大拇指爸爸，起床了！爸爸工作最辛苦，最后起床就是他！

请幼儿再来一次。

分析：教师的讲解语言与图谱相结合，讲解语言直观、形象、生动，使幼儿轻松愉快地知道了“手指一家人”的名字，并感受到了一家人的亲亲热热，其乐融融。由此幼儿会联想到自己的生活，在幼儿的脑海里，一家人生活的特征打下了深深的烙印。

（二）讲解的简明性

幼儿教师讲解的语言表达要简明精练。教学语言的简明性是由教育、教学的特殊任务所决定的。由于幼儿的神经系统容易兴奋也容易疲劳和涣散，有意注意持续时间短的原因，不能长时间注意力集中听讲，所以不允许也不可能滔滔不绝地长篇大论，必须用简明扼要的语言，提炼归纳健康教育内容和动作要领，把教学内容用精炼的几句话或几个字表达出来，适当地运用口诀，使学生印象深刻，容易记牢。

讲解的简明性也是由其特定的环境和表达方式所决定的。一次活动时间有限，在有限的时间内要把较多的知识传递给学生，语言的表达必须要简明扼要。另外，讲解语言是诉诸学生的听觉，转瞬即逝，冗长的语言不分主次轻重，啰里啰嗦，一股脑的倒出来，会使幼儿抓不住重点，影响他们学习的情绪，这样势必浪费时间，事倍功半。

另外在注意简明性时，要处理好化繁为简与科学性的关系。考虑到幼儿的年龄特点和知识基础，对科学性的要求不能十分严格，有些内容可以简化，但是不允许有错误。

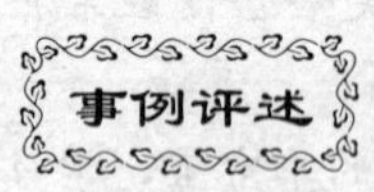

教师用简明的语言讲解地震知识

（1）为什么会发生地震呢？

地震是一种自然现象，由于地球不断运动和变化，逐渐积累了巨大的能量，在地壳某些脆弱地带，岩层突然发生破裂，或者引发原有断层的错动，这就是地震。

（2）地震可以预报吗？

地震是一种自然现象，能不能像天气预报那样事先让人们知道呢？地震预报是地球科学中的一门前沿学科，也是当今世界上的科学难题之一。动物、自然界的异常对地震的临震预报有一定的意义。长期以来人们将这些异常现象编成了口诀。

动物界　自然界[①]

震前动物有预兆，发生异常要报告；井水是个宝，前兆来得早；

鱼浮水面向上跃，冰天雪地蛇出动；无雨泉水浑，天旱井水冒；

鸡飞上树猪外窜，老鼠搬家往外逃；水位升降大，有的变

---

① 参见中国教育文摘，http://www.edUzhai.net.

味道；

狗在静夜狂奔叫，兔子竖耳蹦又跳；天变雨要到，水变地要闹；

家鹅展翅高处飞，鸭不下水岸上闹；建立预报网，异常要报告；

鸽子傍晚离巢去，牛羊恐惧四处跑。

五步洗手法

创设情境，以“情境表演”的游戏方式，让幼儿切身体验洗手方法。准备幼儿洗手时的照片五张（分别代表“五步洗手法”的五个步骤），配以朗朗上口的“儿歌”，加上老师的示范讲解，教幼儿“五步洗手法”，能帮助幼儿较快地掌握怎样正确地洗手。

儿歌是这样的：第一步，打湿小小手；第二步，擦点香香皂；第三步，搓出小泡泡；第四步，用水冲一冲；第五步，擦干小小手。

简明的讲解中牢记了正确握笔的方法①

教师要教给幼儿正确的握笔方法：食指与拇指的端部轻捏笔杆，离笔尖约两厘米处，中指的第一指节处顶住笔杆，无名指和小指自然弯曲垫在下面，笔杆上部靠在食指根部的关节处，笔杆与纸面保持45度至50度角。执笔时除拇指外的四个手指一个挨一个自然地叠在一起，不疏松拉开，掌心尽可能虚，即做到“指实、掌虚”。教师还要告诉学生，拇指与食指千万不要相碰，握笔不要太紧，端正坐好写字时，眼睛要能看到笔尖。教师简单讲解以后，把握笔方法编成儿歌，使幼儿牢记握笔方法。

儿歌：老大老二对对齐，中间留点小空隙，老三抵在笔底下，老四老五收起来。

---

① 参见中国教育文摘，http://www.edUzhai.net.

简明生动的歌谣中掌握交通规则[①]

大马路，宽又宽，
警察叔叔站中间，
红灯亮了停一停，
绿灯亮了往前行。

你拍一，我拍一，过马路不着急。
你拍二，我拍二，骑车不要把人带。
你拍三，我拍三，走人行横道才心安。
你拍四，我拍四，先下后上真懂事。
你拍五，我拍五，不做马路小猛虎。
你拍六，我拍六，交通安全来学透。
你拍七，我拍七，开车不要耍脾气。
你拍八，我拍八，路边护栏不乱爬。
你拍九，我拍九，施工场地绕道走。
你拍十，我拍十，安全习惯要保持。

（三）讲解的针对性

教师必须针对不同的教育对象、教育内容和教育环境运用不同的讲解语言，这便是常说的“有的放矢”。只有“有的放矢”，才能使教师的语言有产生释疑解难、启发诱导的力量，取得实效。

① 参见中国教育文摘，http://www. edUzhai. net.

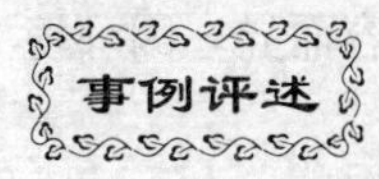

激励语要因人而异[1]

一位幼儿教师对三个不愿登台讲话的幼儿采用了不同的讲解语言，动员和激励她们上台表现自己的体育动作。

对一个胆小、借口“没准备”不愿上台的女孩子，教师说：“在没有准备的情况下登台，敢于面对小朋友们，是很了不起的，是顶呱呱的；在没有准备的情况下表演得不好，可以理解；在没有准备的情况下表演得很精彩，很难得。你愿意试一试吗?”这个小女孩终于打消顾虑，大胆地上台表演了。

对一个腼腆、扭捏、自认为“不会说”的男孩子，教师说：内秀的人不靠辞令取胜，靠的是他的真诚。我相信你能用行动打动大家，表达自己的实际想法。

对第三个性格倔强、冷冰冰抛出“我表演不好”的男孩子，教师说：“具有谦虚美德的人，往往对自己要求过高，但决不会让大家失望。请你表演一两个你喜欢的动作。”

结果三个学生都登台表演了动作，有的还表演得很不错。

分析：这位教师的成功之处就在于他能够因人而异，针对不同幼儿的特点，运用不同的讲解语言，激励幼儿表演，展示自己，克服内心的胆怯，增强幼儿自信心，促进幼儿心理健康发展，她的语言突出了针对性。

教师在教育教学过程中，针对不同的学生，如自尊心强的和自尊心差的，学习好的和学习差的，性格外向的和性格内向的，骄傲的和谦虚的等，都要注意有针对性地采取不同的语言方式，以求收到理想的效果。

---

① 参见中国教育文摘，http://www.edUzhai.net。

教师的语言不仅要因人而异，还要因教材内容而异，因环境场合而异，因时间变化而异。

注重讲解的生动性[①]

日常安全教育内容单调枯燥，又非常重要，幼儿不能实践操作体验，教师常常用讲解法给幼儿讲解安全知识，针对材料特点和幼儿年龄特点理解水平。一位幼儿园教师是这样对幼儿讲解日常安全知识的：

“猫妈妈有四只可爱的猫宝宝，分别叫小黄、小白、小花和小胖。一天，猫妈妈要去上班，只好留四只小猫在家里。小黄在玩打火机，咔嚓、咔嚓，一会儿亮，一会儿灭，真好玩！突然打火机的火烧到它的尾巴了，真可怕！小白好奇地伸出手指往墙上的插座里一戳，不好！触电了，太危险了！小花一拧卫生间的热水器开关，哎哟哟！被滚烫的热水烫伤了，烫得身上直冒烟。小胖把小手伸进妈妈放药的抽屉，拿出一个药瓶一看，哇！瓶子里的药丸真漂亮，尝尝看！于是拿出药丸往嘴里一放，吞进肚子里了，哎哟！肚子痛死了，完了完了，小胖中毒了。”

分析：教师生动的讲解把幼儿的注意力都吸引住了，幼儿从头到尾都在认真地听着老师的讲述。随着故事情节的深入，幼儿初步知道了在家里什么不应该乱动乱玩。

三、演操法

演操法即演示法和操作法。其中，演示法是教师陈示实物、教具，进行示范性实验，或通过现代化教学手段，使学生获取知识的教学方法。演示法常配合讲授法、谈话法一起使用，它对提高学生的学习兴趣，发展观察能力和抽象思维能力，减少学习中的困难有重要作用。操作法是教师在教学中指导学生反复地、多

① 参见中国教育文摘，http://www.edUzhai.net.

样化地应用理论知识进行实际操作的方法。其目的就是把知识转化为技能、技巧。因此，操作练习法是学生操作技能、技巧形成的最基本途径。

信息采撷

采用操练法应注意的要点[①]

幼儿最喜欢动手，通过动手活动进行学习，是幼儿学习健康教育内容的一种重要方式。通过实际操作，使幼儿掌握安全防护的知识和技能，学会自我保护，掌握一些简单的动作技能。这时值得一提的是，幼儿的双手是个“宝”。脑科学研究表明，人的手指与大脑联系最为密切，脑指挥手，手教会脑。苏霍姆林斯基曾说：“智慧之花开在指尖上。”因此，让幼儿多动手可以使幼儿聪明起来，且越是智力迟钝的幼儿，越是要多让他动手。

在幼儿园教学中运用行动操练法时要求注意以下几点：

- 要明确练习的目的。练习的有效性，行动操练练习可以贯穿于各种活动中，但在一定时间内须有一个主要的目的。

- 行动操练的方法要正确。在儿童进行行动操练时，教师要给以适当的讲解和示范，指出难点和易犯的错误，使儿童获得有关练习方法和实际动作的清晰表象；在练习过程中，可以恰当地伴以指示、提示、引导和示范，并进行必要的检查、督促，适当的评价、鼓励，肯定成绩，指出不足，使其认识、情感与行为得到全面发展。

- 练习要符合儿童的年龄特点。根据练习材料的性质和儿童年龄特点，适当分配练习的分量、次数和时间。开始阶段，练习次数多些，每次时间少些，要由浅入深，由易到难，由单一练习

① 参见中国教育文摘，http://www.edUzhai.net.

到综合性练习，不断提出新的练习要求，既要力所能及，又要保持一定的难度，以引起儿童练习的要求和愿望。

● 练习的方式和要求可以多样化。多样化的练习方式可以提高儿童练习的兴趣，避免单调、乏味的重复。练习过程中的要求也要有所变化，刚开始时要求正确，然后再要求熟练，这样逐步提高要求，及时评价、指导，让儿童知道练习的结果。同时，也要鼓励儿童自我监督能力和创造精神，防止盲目模仿和机械重复。

● 家园配合。家园配合是关系到行动操练结果能否保持和发扬的关键问题。常见的现象是，儿童在幼儿园花费大量时间和精力进行行动操练而获得的良好行为习惯和技能，回家后则因父母的宠爱和娇惯而丢失或无法保持。这就要求教师做好家长工作，让家长了解教育内容和目的，统一认识和要求，从而使儿童的行为保持一致。

（一）示范—模仿

示范法是一种让幼儿直接感知认识对象的教学法，如，教师用语言示范和动作示范来表现袋鼠跳游戏。

在幼儿体育教学中教师的示范至关重要，一般在体育教学前教师可以通过自身的全面示范，让幼儿在视觉的冲击下对体育动作产生兴趣，在不知不觉中被教师感动，产生情感共鸣和碰撞，激发他们学体育的欲望，也可以让幼儿多欣赏幼儿体育作品，让他们多看、多模仿，在潜移默化的环境熏陶下，使幼儿热爱体育，从而产生浓烈的兴趣。在分步学习动作时，教师要注意将动作逐步简化，转化成幼儿喜欢的儿歌、故事，使孩子在情景中学习体育，掌握动作要领。

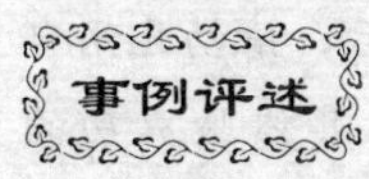

借助示范练习，让孩子学习如何自理

小班孩子的模仿能力比较强，所以在一日活动中可以向孩子逐步展示如何自理的各种方法。

(1) 喝豆浆时，老师拿好杯子，轻轻地坐在椅子上，慢慢地倒豆浆，通过动作以及脸上的表情让他们感受到自己倒豆浆的乐趣，慢慢地让幼儿养成愿意自己帮自己倒豆浆的习惯，个别孩子还很乐意为同伴服务。

(2) 整理衣物时，让幼儿学习自己叠小被子、小衣服，也是通过先示范的方法，让孩子仔细观察，在观察的过程中让孩子掌握技巧并乐意自己动手。久而久之，孩子们学会了观察，学会了在观察中学习自理。

(二) 训练—掌握

操作练习法：是在教师的指导下让幼儿动手练习，从而使他们巩固、掌握知识技能的一种方法，如让幼儿自己动手把双脚套在口袋里并练习跳，在练习过程中，发现问题，并及时进行纠正。

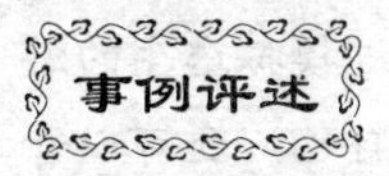

我会系鞋带

“我会系鞋带”，教师可根据幼儿学习的程度，先后编儿歌和顺口溜。首先，边念儿歌边操作：两个头儿，换一换，变个叉；一个头儿往下钻，拉一拉，变条船；一个圈二个圈，换一换，钻一钻，变成美丽的蝴蝶结。当幼儿有点会了，则变成：先打一个结，再弯两个圈，交叉绕一绕，鞋带系得牢。最后，请幼儿用自制的鞋子进行比赛，强化幼儿系鞋带的方法，让其体验成功的喜悦。

（三）践行—习得

注重幼儿在生活自理方面的具体实践过程，给予幼儿充分动手练习的机会，在实践中发现问题、解决问题。培养幼儿生活自理的能力，关键就是要幼儿自己动手，让他们在实践的过程中，逐渐掌握自理的技能，为今后的自立奠定良好的基础。

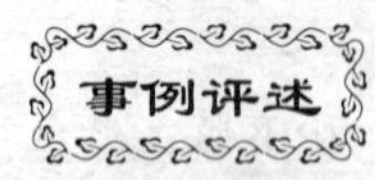

通过开展丰富多彩的主题活动让幼儿体验安全防护技能

活动是幼儿教育的主渠道，通过活动让幼儿亲身经历整个过程，增加体验，增强安全意识，提高自我保护能力。如，开展“注意饮食卫生”主题活动，通过讨论“路边的小吃能吃吗？”“三无食品能吃吗？”告诉幼儿不吃路边的小吃，不吃“三无”食品，使幼儿懂得要吃清洁的食物，饭前便后要洗手等卫生习惯知识，让幼儿初步感知饮食卫生的重要性，增强自我保护意识；再如，开展“发生火灾怎么办？”的主题活动，通过观看录像、图片，使幼儿初步感知火对人们的帮助和害处；通过模拟逃生的游戏，使幼儿了解安全自救逃生的常识，学习保护自己。还可以开展“保护自己办法多”、“小小安全员”等类似主题活动，增强幼儿自我保护能力，让幼儿亲身体验安全自救的方法和技能，增强安全防护意识。

火的秘密

户外活动时，机灵的小江闻到烧树叶的味道，孩子们七嘴八舌地说："咦，火可以把树叶烧焦。""为什么烧过的叶子会有难闻的气味呢?"一连串的问题被孩子们抛了出来。我想：孩子们一定是非常渴望了解火的秘密。《幼儿园教育指导纲要》指出：教师应善于发现幼儿感兴趣的事物、游戏，抓住时机适时引导。我就顺势引导孩子："火可以烧毁哪些物品呢?"于是《谁能燃烧》这个实验开始了。孩子们将收集到的各种塑料、纸、木头、金属、针织品进行燃烧。当他们第一次看到火迅速地将棉花烧着了，好多孩子都吓得发出了尖叫声纷纷逃跑，我鼓励孩子把燃着的棉花放进水里，使火苗熄灭。并问道："湿棉花还能着火吗?"还是那些比较有生活常识的孩子们答对了：湿棉花当然不能烧着了。当他们燃烧塑料制品时，又闻到了难闻的气味，还有黑色的物质残留。聪明的张志杰很有经验地说："这难闻的气味就是塑料燃烧时排放的毒气。"孩子们听他这么一说，赶紧捂上鼻子和嘴。通过细心观察，亲手实践，孩子们知道了谁能燃烧，谁不能燃烧。接下来，大家又发现家里的窗帘、床上用品，厨房里的柜子、毛巾，教室里的玩具、桌椅都是易燃品。这是罗丹小朋友和妈妈在网上搜集到的防火材料的图片，孩子们还在家中统计了飞机和火车上禁止携带的易燃品。

由搜集资料到寻找答案，拓宽了孩子们的视野，加深了对"防患于未然"的理解，同时也体验到寻找答案与分享经验的快乐。

灭火有高招

自从孩子们找到了身边的易燃品后，他们就一直担心着：如果哪一天人们由于注意不当而引发火灾，那该怎么办呢?孩子们想到了消防队——这个火灾的克星。他们从网上搜集到消防队灭火过程的图片，知道了消防队是用消防车、高架云梯、救生犬来帮助灭火的，还为我们沈阳自制的灭火炮而拍手叫好。我们还认识了身边的消防栓、灭火器、消防栓箱……孩子们建议在家中、幼儿园里多准备几个灭火器，谨防火灾的发生。不过当他们了解到其实还可以利用窒息的办法制作灭火器时，就迫不及待地动手制作起来。他们收集了好多的塑料瓶，将水、沙子、盐倒入瓶子中，想用它们来灭火。可是塑料瓶是摔不破的呀？大家讨论应该用玻璃瓶来制作，但是玻璃瓶摔破时会有玻璃片迸溅是十分危险的。还是婷婷最有办法了，她想出用塑料袋制作的灭火弹既安全又方便而且价钱还很便宜呢。在后面的灭火演练中，孩子们自制的灭火弹也派上了用场。

通过操作活动，了解五官的功能

师：小二班的小朋友真不错，徐老师在桌子上准备了一些东西，请小朋友看一看，玩一玩，然后举手告诉老师："桌子上有什么？你是怎么发现的？"

幼儿操作后，提问："桌子上有什么？你是怎么发现的？"

教师小结：我们的眼睛、鼻子、耳朵本领真大，眼睛能看到篮子里有很多的东西，鼻子能闻出毛巾、清新剂是香的，耳朵能听出八宝粥瓶子里有东西，小球能够发出声音来。那么我们的嘴巴有什么用呀？（可以吃东西、讲话）我们的眼睛、鼻子、嘴巴、耳朵本领真大，它们各有各的本领。

四、游戏法

游戏法是指通过在教师指导下进行有规则的游戏活动来进行教学的一种方法，是深受幼儿欢迎的一种教育方式。正如佩西能所言："游戏的精神是一个不可捉摸的，巧于规避的幽灵，他的影响可以在最难以预料到的一些生活角落里找到。"捷克教育家夸美纽斯在《母育学校》中提出：儿童们爱好游戏是极为有利的，因为儿童"还不能从事真的工作，而我们就应该和他们共同游戏"。

运用游戏法时要注意：

- 游戏内容要健康，要有益于幼儿身心发展。
- 根据不同的教育目标和教育内容选择、创编不同形式的游戏。
- 教师要重点指导幼儿遵守游戏规则，能够克服困难，独立或与同伴合作完成游戏。
- 教师应根据游戏内容及形式的不同，采用不同的指导方法。
- 在游戏中要注意培养幼儿之间的合作、谦让、友爱、互助等优秀品质。

（一）规则性游戏的组织

皮亚杰认为：“有规则游戏是以规则为游戏中心”，“用规则来组织游戏。”组织幼儿规则游戏，要根据班级的教育任务和要求，并考虑幼儿实际的知识范围和智力或动作水平，选择编制适合的有规则游戏。另外，有规则游戏有一定的内容和规则，幼儿要学会后才能玩。教师要以简明生动的语言，适当的示范，帮助幼儿学会游戏的玩法，以便幼儿能够独立地玩。

（二）创造性游戏的开展

创造性游戏，是幼儿根据已有的生活经验，以想象为中心，创造性地反映现实生活的游戏。它具有独立构思主题、自主建构游戏情节、共同制定游戏规则、协商担任游戏角色等特点。想象力是创造性游戏的灵魂。创造性游戏深受幼儿的喜爱，是幼儿期的典型活动。有研究者将创造性游戏分为角色游戏、结构游戏和表演游戏。

幼儿健康教育活动实施时，可以在教育活动中利用启发法。皮亚杰说过，每当过早地教一个幼儿那种他能自己发现的东西时，就抑制了发现它的机会，也就抑制了对它的完全理解。在表演游戏中教师要放手让幼儿去表演，指导要适度。教师干预过多，只会让幼儿的创造性失去，所以要多用启发式、商谈式的方法来指导。

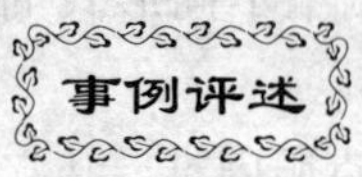

“食品加工厂”

泸县某幼儿园，根据农村幼儿爱玩沙、玩泥、玩水等特点，教师启发幼儿玩此类活动游戏时，幼儿想加工糖果、月饼，但因不知道用什么材料，大家都犯愁时，教师适时介入，启发幼儿说：“你看咱们身边有什么可以拿来加工糖果和糕点呢？小石子可以做成什么？黄泥可以做成什么呢？”在教师的启发下，幼儿充分发挥了想象力和创造力，用泥土加工成形形色色的“糖果、糕点”等，用彩泥做成各种各样的月饼。孩子们玩得挺高兴，而且“吃”得那么逼真，那么香甜，从游戏中感受到了食品加工的快乐。

我是妈妈小帮厨

玩“我是妈妈小帮厨”游戏时，教师启发幼儿想象，让幼儿用沙来做“饭”，用树叶、野草做各种“菜、肉、鱼”。有的带来了妈妈编的草编、柳编等工艺品；有的孩子直接带来了稻草，学着大人的样子打草席；也有小朋友把地瓜块、南瓜块串起来做“麻辣烫”；还有的孩子模仿大人的样子用简易的织布机织布。孩子们在这样丰富的物质条件下，玩起来开心极了。

创造性游戏中，教师启发的方式很多，可以用提问的方式，也可以用游戏材料启发，还可以角色参与的方式启发。农村幼儿生活经验少，思维相对简单，他们进行创造性游戏时常常手足无措，不得要领。为了改变这种状况，我们可以先了解农村幼儿的现状；游戏材料要从实际出发，做到就地取材，还要不断丰富幼儿的知识经验；教师也要参与到游戏中去，引导幼儿不断探索、不断创新，充分调动幼儿在游戏中的积极性。这样，幼儿的身心就能在无拘无束的游戏活动中健康和谐地发展。无论是城市幼儿园还是农村幼儿园，只要老师做个有心人，孩子们用简易的游戏材料也能玩得开心、玩得快乐。

（三）自发性游戏的引导

在幼儿自由活动时间，只要稍加留意，就会发现幼儿时常做出一些看似“出轨”的行为，如飞奔着用脚踢皮球，三两个孩子扭在一起“打”来“打”去。通常这些“出轨”行为会被教师制止，但如果换一个角度，将上述行为投放到竞技体育比赛项目中，并加以适当引导，不但此类行为合情合理，而且同样可以发挥教育的功能。

在幼儿的课外生活中，幼儿常常玩一些民间的传统游戏。这些游戏大都自发地进行，如“跳房子”、“老鹰抓小鸡”、“捉迷藏”等，这些都应当成教育活动的资源，充分加以利用。

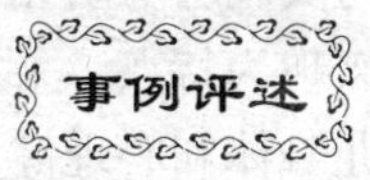

站跷跷板——体操运动游戏自发表现

两个幼儿各坐跷跷板的一头，相互配合一上一下摇摆着。不知谁提议，她俩停止了摆动，一个幼儿开始尝试着站到原来坐的位置上，另一个在另一头帮助维持跷跷板的平衡。经过二三次身体微小的晃动，一个幼儿放心地在跷跷板上站直了，她得意地伸开双臂，向同伴展示自己优美的姿态。展示完毕，她从跷跷板上下来，轮到另一个幼儿如法炮制，站立到跷跷板上，摆了个类似的造型。

分析：这是一次大胆地在器械上模仿体操运动员、探索平衡的行为，表现出大班幼儿在常见器材上创新玩法的特点。这一行为看似有些冒险，实则相对安全。首先，跷跷板由特殊合成的塑料制成，站在上面不会轻易滑落；其次，跷跷板形似匍匐的小鸟，距离塑胶地面三十厘米左右，从上面跳下来，有弹性的地面能起到缓冲作用，可避免幼儿受伤。

教师引导：(1) 鼓励幼儿创新造型动作。教师鼓励幼儿相互模仿与协助，创新不同的造型动作，逐步加深和提高动作的难度。

(2) 扩展游戏内容。教师将收集到的体操资料与感兴趣的幼儿一起分享，将体操圈、彩带、绳子、皮球纳入到体操运动游戏中，引导幼儿在场地上蓬勃、生动地开展艺术体操运动游戏。

从以上案例可以看出，类似于竞技运动的幼儿体育游戏，满足了幼儿喜欢冒险、创新、争胜的内在需求。在开展这些活动时，教师需注意以下几方面：

(1) 内容源于自发，持久。各种兴趣体育运动游戏是在幼儿自发的游戏行为中萌发出来的，目的是帮助幼儿积累运动经验，养成爱运动的健康生活方式。因此，活动的组织与实施应从幼儿的兴趣出发，以幼儿主动、自发地参与和浓厚的兴趣为特点，采用贴近顺应自然、形式多样的运动方式，满足幼儿身体和心理健康发展的需要，其中教师主要起观察、辅导、鼓励、支持的作用。

(2) 需要产生规则，细节体现精神。幼儿需要具有一定对抗性的体育运动游戏，同时身体又需要保护不受伤害。这就要求体育运动游戏既类似于竞技运动，又需要制定符合幼儿身心发展规律的特殊游戏规则。在运用规则的每个细节中，应体现公平竞争、关心同伴、爱护弱小、团结协作、积极向上的体育精神。

(3) 尊重个性差异，挖掘活动潜能。教师应在尊重幼儿个性差异的基础上，根据幼儿在身体素质、运动速度、耐力、运动量等方面的差异，引导幼儿选择符合自身运动水平的体育运动游戏，保证每个幼儿在体育运动游戏中体验到成功。保持积极的参与热情。尤其在需要团体合作的体育运动游戏中，应根据幼儿的个性差异，让幼儿各司其职，各尽所能，充分发挥游戏本身的潜在价值，提高活动的整体水平。

五、情境法

情境通常指人置身于其中的心理氛围和物质环境。教育情境是对教育效果产生直接影响的由特定要素构成的有一定教育意义的氛围与环境。教育情境有许多种类：

以载体为依据，教育情境分为
- 实在情境
- 模拟情境
  - 图像情境
  - 语义情境

以功能为根据，教育情境分为
- 问题情境
- 体验情境

“情境”的特征表现为：

其一，感性因素比较丰富，具有直观性；

其二，内部蕴含主题，具有典型性；

其三，可以反复感知，具有稳定性。

在幼儿教育活动中，情境法常与其他方法配合运用，尤其在游戏活动中。情境法作为一种载体形式，融实用、有趣、审美于一身，发挥了手段的诱导魅力和教学艺术的熏陶力，在幼儿教育中被广泛运用。

（一）设置仿真情境

仿真情境是通过各种方式创设的模拟的职业情境，如模拟法庭、模拟银行、模拟客房、飞行模拟器、模拟实验台、虚拟实验室、虚拟驾驶室等。仿真情境还可进一步分为场所与工作方式模拟情境、角色扮演情境，以及运用多媒体技术、虚拟现实技术和网络技术所创设的单向度体验性情境、交互式虚拟操作情境和网络情境等。幼儿健康教育活动中设置仿真情境，让幼儿在模拟的情境中体验健康的意义，生命的重要，掌握自我保护的方法。

事例评述

我是小司机，开车要小心

今天我刚教了孩子们玩开汽车的游戏，小朋友们个个兴致勃勃。琳琳和浩浩今天做“司机”，琳琳非常开心地开着小车，来来往往。突然，浩浩飞快地冲了过来，把丁丁狠狠地撞了一下，摔倒在地上哭了起来。看到了刚才发生的一幕，我正想像平时一样教育浩浩不该跑那么快时，看见浩浩一副非常紧张而后悔的表情，我一下子改变了想法，为什么不换一种方法帮助孩子真正认识自己的行为带来的严重后果，并在以后的活动中避免出现同样的行为呢？于是，我装作不知道刚才发生的事情，并问他们：“怎么了？”丁丁边哭边说：“浩浩把我撞倒了。”“什么，是出车祸了呀！那可不得了，你一定受伤了，很痛吧？快让我送你到医院里去检查一下。琳琳还不快来帮忙呀。”我表现出了一副非常紧张的样子。说完，要求琳琳和我一起扶着丁丁来到了“贝贝医院”，我拿起医院的器械帮他检查起来，并说：“你们呀，为什么把车开得那么快？”说着，用手抬了抬丁丁的腿，假装说：“不行，要住院开刀，以后可要慢一点，记住了吗？”浩浩在旁边不住地点头，说：“我下次一定注意，慢一点开车。”

分析：《幼儿园教育指导纲要》（试行）中指出：要创设一个能使幼儿感受得到接纳、关爱和支持的良好环境，避免单一呆板的言语说教。小班幼儿的自我控制能力和规则意识不是很强，经常会出现忽视规则的行为。如果教师只是一味地说教，效果恐怕是微之甚微的。这次将孩子经常出现的问题融入到仿真情境中进行教育，使孩子意识到自己行为造成的“严重后果”，从而加强自我约束控制力，其效果强于以前多次的说教。

在仿真活动中从关注幼儿生命安全出发，重视幼儿安全意识和自我保护意识的培养。而保护幼儿生命，促进幼儿健康是幼儿园健康教育的工作重点。活动设计采用竞赛形式能够符合幼儿年龄特点、认知特点和幼儿健康发展的需要，采用幼儿感兴趣的图片，通过钻、爬、绕、跑的动作训练，使幼儿加深了对危险行为的认识，提高了幼儿的自我保护意识。

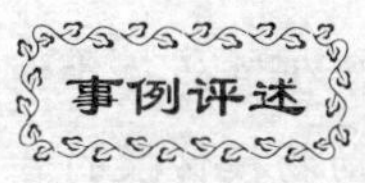

模仿性情景：蛙跳

运用模仿动物形态及其动作创设情景达到入景动情、寓教于乐的目的。如教学蛙跳内容，将整个教学内容设计成小青蛙找妈妈，结合语文教学与科学教学，将学科内容有机整合。开始让学生想象自己是小蝌蚪，在学习小蝌蚪游泳的过程当中，学生在不自觉当中就使自己的身体得到了预热，接着教师引导学生自己想象蝌蚪长出后腿、长出前腿，找到妈妈，练习蛙跳。学生由教学过程中等待接纳的“被动角色”转变为主动接纳知识、主动想象、主动操作训练的“主动角色”，需要学习的动作重点、难点就迎刃而解。

故事情景

——下雨了

一幼儿园教师有意设定和安排具体学习场地或学习景象进行体育活动，儿童对故事最感兴趣，体育课中有故事情节，学生非常喜爱，如在教学单脚起跳、双脚落地的教学内容时，编成《小雨点》的故事，加强了趣味性，从开始就用《下雨了》的故事情节引导学生进入课堂，接着用活泼的小雨点、勤劳的小雨点等形式练习，更好地发挥学生的主体、教师的主导作用，促进了师生间感情的沟通，激发了学生的练习热情，活跃了课堂气氛，最后以放松舞蹈《小雨点》来消除学生的疲劳，使他们高度兴奋的情绪平静下来，又能让学生在优美、活泼、欢乐的音乐气氛中享受到美的教育。由于这种教学活动强调积极的思维和想练结合，极易激发学生对这种教学活动的兴趣。

创设音像情景

把欢乐、童趣的音乐带入课堂，使学生在轻快优美的旋律中更好地完成教学任务。在准备活动中可选用一些动物模仿操的音乐，使课堂气氛更加活跃；在课中做游戏穿插相应的音乐，使学生身临其境，更形象地完成游戏，如在作《会不会飞》的游戏时，插放小鸟自由飞翔的旋律，让学生更好地扮演角色等，在放松部分可用优美、舒缓的音乐配合简单易学、韵律感强，适合儿童的舞蹈练习，让孩子们在音乐伴奏下翩翩起舞，如在轻快的音乐“可爱的羊群”下，师生一起跳蒙古族豪放的舞蹈，让学生在优美的音乐中感受到蒙古草原的优美景色，既增加了学生的兴趣，又起到了放松的效果。这种体育与艺术课的有机整合，使学生在不知不觉中接受了体育、美育的双重教育，起到了事半功倍的作用。

情景教学应注意创设情景要从教学内容的需要出发；创设情景要与儿童的认知水平相符合；学生扮演的角色，尽量设置成学生向往的角色。

经过试验与研究，情境教学中教师根据体育教学的目标要求，针对儿童特点，运用故事、音乐、表演等形式，以及现实生活中的典型场景，结合学生身体锻炼，对学生的心理、行为、身体发生影响，从而逐步达到体育教学的目标与要求。情境体育教学能使“情境—教师—学生”三者之间形成相互推进而又和谐统一的整体，促使儿童用“心”去学习和锻炼。

（二）投身情境活动

现场或通过录像向幼儿展示生活情景，让幼儿观察和分析情景中所涉及的健康问题。由于情景表演的主题源于幼儿的现实生活，因而能激发幼儿的兴趣，较好地帮助幼儿认识生活中可能遇到的同类问题和冲突，树立正确的健康态度和行为。

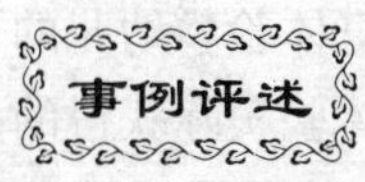

主题公园里学交规，争做交通安全小先锋

2009BMW 儿童交通安全训练营的主题是“我做交通安全小先锋”。在中山公园的训练营活动现场，幼儿园的小朋友们头戴安全帽、身穿统一的 BMW 卡通 T 恤衫，“驾驶”着玩具小汽车、摩托车和自行车，在各种交通标志一应俱全的 BMW 儿童交通安全主题公园中，通过角色扮演学习交通安全知识，而家长们则认真地扮演起行人和警察的角色，配合小“司机”们遵守交通规则。

情境活动：“菜场”

今天区域活动开始了，小朋友不约而同地拿起了篮子来到了菜场，想去做买蔬菜的游戏，可是没有钱怎么买呢？我说你们可以到银行去取钱。天豪说：“我来做银行职员，你们可以到我这里来取钱”。乐乐说：“我做卖菜的老板，你们来向我买菜。”乐乐说：“放心菜场开业了，大家来买菜吧”。天豪说：“番茄多少钱一斤啊？”乐乐说：“番茄两元一斤。”“那鸡蛋多少钱一斤呢？”乐乐说：“两元。”蕾蕾说：“价格一样吗？”乐乐说：“每种蔬菜价格不一样”。我说：“你可以问问天豪想买哪一种？”天豪说：“我买蘑菇，蘑菇多少钱一斤呢？”乐乐说：“三元。”乐乐给了天豪一个蘑菇。天豪说：“你帮我称称啊。”乐乐在公平秤上称了称，说：“五个刚好一斤。”乐乐很有耐心，帮天豪称好，还向其他幼儿介绍“今日菜价”。

幼儿年龄小，缺乏一定的生活经验，说教的方式枯燥乏味，情境表演是幼儿乐于接受的一种方式。

（三）获得切身经验

情境法贵在让幼儿有身临其境之感，获得切身体验。幼儿的体验可分为真体验与伪体验两种。如果幼儿通过体验实际获得的结果确实是由前期亲历过程而来的，而不是其他外界因素强加的，过程确实是结果的“因”，我们就说幼儿的体验是真体验；如果幼儿最终获得的体验结果并不是真正来自于幼儿体验的过程，而是来自于其他因素（如教师的评价），过程并不是结果的“因”，我们就说幼儿的体验是伪体验。如，幼儿只有在安全教育活动过程中才有真体验，才能意识到危险，才能在活动中获得新的经验，实现真正有效的学习。

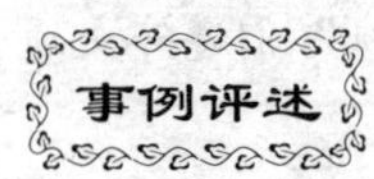

火灾来了怎么办[①]

孩子们制作了灭火弹后就幻想着用它显显威风。针对孩子们的愿望，我们决定明天来一次真正的消防演习。点子多的佳佳说：“我们应该设计好逃跑的路线，火灾来了我们就能顺利地逃走了。”她的想法启发了大家，孩子们纷纷动脑设计逃生路线。有的用荧光笔画箭头贴在墙上，有的用不干胶纸直接粘在地上，盂盂还利用了小彩灯照明，即使有浓烟也不会迷路。孩子们还细心地为小班的小朋友想好了逃生的好主意——拉着诱导绳逃跑。

① 参见 http://y.3edu.net/skpk/17156.html，“火灾来了我不怕——幼儿园教案说课评课”.

“光有逃生路线还不行，万一门外起火逃不出去，我们可得找个安全的地方躲起来。”方广权若有所思地说——孩子们的想法越来越具体了。“我们躲到厕所里吧。”“不行，厕所里不通风，毒烟进来会被熏死的，得用湿毛巾堵住门缝。”冉冉很有经验地说。“火灾来了要带上湿毛巾用来捂嘴鼻，还有湿的被子可以保护自己，王老师你别忘了带上药箱和哨子。”“为什么？”我奇怪地问。“你可以吹哨子叫我们集合，万一我们受伤了，你可以为我们擦药啊。”孩子们想得可真周到。我们利用课间操前的时间进行了一次预演，孩子们有的拿玩具，有的抱录音机，甚至连坐垫都带上了，结果用了十多分钟才集合完毕。孩子们发现：真正的火灾是不能带这些东西的。

11 月 9 日这一天，孩子们格外的兴奋，当听到火灾警报时，孩子们快速地穿上衣服，有的孩子急得衣服都穿反了，有的找到自己的小毛巾弄湿后将嘴和鼻子捂好……孩子们快速站队，统一下楼。当遇到浓烟时，孩子们都蹲下行走，有的学着解放军匍匐前进。保育员则负责保护年龄小的幼儿快速撤离。

当我们跑到安全的地方时，袁一凡拨打了报警电话，请求消防队救援。这时潞潞提醒我：“老师，消防栓里不是有报警器吗?”是啊，我怎么忘记了呢。

这时刚刚被困在教室里的那部分孩子跑到阳台上大声地呼救。有的用喇叭，有的用颜色鲜艳的手绢，有的用杯子敲击栏杆发出声响，还有的吹哨子，孩子们运用多种方式呼救……

演习结束后，我们讨论了个别孩子出现的危险行为：大家一致认为：不能从窗户逃生，在火灾中扶手很快被火烫热，不能顺着扶手滑下来。我们的活动还得到了市急救中心的救护员——我班张斯飞妈妈的大力支持，她为小朋友和家长们讲解了“火灾中烧伤、烫伤事故处理的办法”，把整个活动推入了高潮。

活动中孩子真切地体验到火灾现场紧张的场面，通过自己的努力及时地逃生、呼救、报警……

安全教育活动最主要的一个方面是要让幼儿对危险情境有所认识与了解，这样教师就需要创造一个危险的情境让幼儿感知，因为“空间布置会影响一些幼儿的全部活动”。而这样一个情境怎样布置才合理，同时又不会对幼儿造成负面的影响，不会使幼儿有情感上的害怕、恐惧等心理？为此，安全教育活动中环境的布置既要充满诱惑力，接近日常的生活，同时又要照顾到幼儿的安全与身心健康。

不要走丢

在“不要走丢”的活动中，教师设计了三个场景：第一个场景通过一个幼儿亲身经历的事件引入——有一个小朋友去医院看病时走丢了，然后拿出幼儿事先画好的图画，画的内容是幼儿曾经走丢的情景。教师引导幼儿讲述何时何地走失，以及当时的感受，目的是让幼儿知道出去的时候一定要跟着家人。第二个场景是游戏，跟大班的幼儿一起玩娃娃家（大班幼儿扮演爸爸、妈妈，中班幼儿扮演宝宝）。目的是让幼儿知道在爸爸、妈妈手里有东西，没办法拉着手时怎么才能不走丢。第三个场景是模拟超市中的活动（在教室中布置超市中的情境），让幼儿知道怎样不走丢。然后，教师播放动画片《生活习惯，出门手拉手》，进一步巩固幼儿这方面的安全意识。

由于整个活动处于课堂的环境中，而且教师一直在反复强调要跟着大人不要走丢，与现实中的环境相差很大，活动对幼儿吸引力不是很大。幼儿在这个过程中也许体会到的是角色扮演的乐趣，而不是对走丢了后果的认知，这样幼儿对危险情境的体验就很少，很难想象他们在没有成人提醒的情况下，被一些新奇的物品所吸引时会做出什么样的反应。当然创设这个情境还应注意不要给幼儿造成恐惧感，避免导致幼儿不敢接触社会上的人和事。

第五章 幼儿健康教育活动的保障条件

幼儿健康教育活动的终极目标在于促进幼儿身心健康发展。这个终极目标与终极目标的实现离不开相应的保障条件。幼儿健康教育活动的保障条件涉及幼儿园环境的创建、幼儿家庭生活的健康指导、健康教育资源的利用。

一、创建健康教育的幼儿园环境

幼儿园环境是指幼儿园内幼儿身心发展所必须具备的一切物质条件和精神条件的总和。幼儿大部分时间生活在幼儿园环境中，幼儿园环境是幼儿能否健康生活的不可忽视的影响因素。意大利教育家蒙台梭利说："教育的基本任务是让幼儿在适宜的环境中得到自然的发展，教师的职责在于为幼儿提供适宜的环境。"① 可见，幼儿园环境的创建对幼儿身心发展具有非同寻常的意义。幼儿园作为专门的教育机构，应在健康教育目标的指引下，针对幼儿身心特点，有目的、有计划地进行环境创建，把健康教育的意图渗透到环境之中，发挥教育功能。

（一）和谐的人际关系

创建适宜的幼儿园环境更为重要的是建立融洽、和谐、健康的人际关系。它具体包括了教师与幼儿之间的关系、幼儿同伴间的关系及教师与教师之间的关系等。其中教师与幼儿之间的关系

① 转引自华娅．浅谈幼儿园的环境创设．江苏教育研究，2007（11）．

是幼儿园精神环境中最为重要的体现，是幼儿心理健康发展的基础。教师应该热爱、尊重幼儿，要对幼儿多支持、多肯定、多接纳、多表扬、多关注、多信任，这是建立师幼之间积极关系的基础，也是形成融洽、和谐、健康人际关系的必要条件，有利于幼儿心理健康发展。首先，教师要善于理解幼儿的各种情绪情感的需要，不对不招自己喜欢的幼儿产生偏见，相信幼儿有自己的判断，做出正确选择的能力，善于对幼儿的积极行为做出反应。其次，教师应该以民主的态度来对待幼儿，疏导而不压制，自由而不放纵，指导而不支配，将幼儿视为独立的个体而受到尊重和鼓励。再次，在教师与幼儿的交往中，尽可能多地使用适宜的身体语言，如微笑、点头、注视、抚摸、肯定性手势、轻拍头或肩膀等，这种“此时无声胜有声”的方式表达了教师对幼儿的关心、接纳、爱抚、鼓励或者是不满意、希望幼儿停止当前行为等。

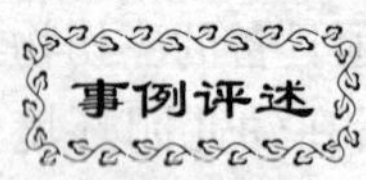

孩子们的快乐天使[①]

聂老师已经在幼儿园工作 10 年了，可工作的辛苦并没有使她失去童心。她脸上总是带着甜甜的笑容，跟孩子们说话也是和风细雨般的。她是孩子们的好老师、好伙伴，他们一起游戏，一起探究，孩子们高兴她就高兴，孩子们难过她也难过，她是孩子们最亲近、最信赖的人。

（二）完善的设施设备

幼儿园要根据幼儿年龄特点和活动需要，因地制宜，创设安全的、便于幼儿开展健康教育活动的设施设备。《幼儿园工作规

① 张雪. 幼儿园精神环境对幼儿心理发展的影响. 幼儿教育，2004 (12).

程》规定："幼儿园教学、生活设施应符合科学安全原则。"幼儿园活动场地要做到坚实、平坦，没有散落的石块、铁丝、碎玻璃。在场内走、跑无障碍物，场地可设置有弹性的塑胶地面。跳跃用的场地以草坪、沙坑为宜。在室内外场地或地面可以用颜料画出可供幼儿练习走、跑、跳、投等基本动作和游戏的图案。如果幼儿园场地较大，各个班级最好有自己固定的活动场地。同时，幼儿园还可以设置和提供多样、功能各异的运动器材。如在户外设置攀登架、滑梯、滚筒、秋千等大型体育器材，以及球、沙包等小型体育器材。这些体育器材都要注意不定期的检修，还要确保体育器材制作材料的无毒、无刺激性和腐蚀性，无尖锐的棱角和松脱的现象。此外，幼儿园可以利用废旧物品，自行制作器材，如利用废旧轮胎制作滚动或钻爬的玩具，用扁平的铁罐对侧凿洞系上绳子当"高跷"，用废旧易拉罐做出保龄球，用砖头或木板搭成平衡木或一条坡道等。当然，自制玩具器材的安全性也要予以考虑。

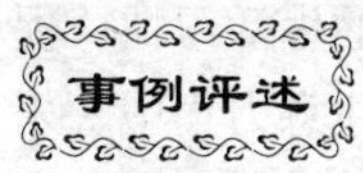

坏玩具造孽①

某幼儿园大型玩具转椅使用多年，中轴下沉，园方未予修理，只是强调"幼儿活动时要小心，手不要伸入中轴"。一天，某班老师组织幼儿到转椅处活动，活动前也一再强调要注意安全，不料活动进行十分钟，只听得"哇"的一声，一个小男孩哭了起来。原来，他无意中把手伸到转椅中轴处，手指被压住了。老师急忙过去，小心地把幼儿的手指"解救"出来，可手指已经

---

① 邢利娅，陈婕. 对幼儿园设施安全性的思考. 内蒙古师范大学学报（教育科学版），2006（10）.

被严重压伤了。

（三）合理的制度规范

从幼儿健康教育的角度而言，幼儿园的制度规范主要包括一日生活制度、卫生保健制度、安全制度。

1. 制定和执行合理的一日生活制度

合理的一日生活制度是根据幼儿的年龄特点，将幼儿一日生活中的主要内容，如睡眠、进餐、盥洗、活动、游戏等每个环节的时间、顺序、次数和间隔给予合理的安排，也就是我们通常所说的生活作息制度。①

合理的生活制度有利于幼儿生长发育，使幼儿身体各系统器官得到发展，使幼儿生活内容丰富多彩，劳逸结合。如充足的睡眠可以保护幼儿的神经系统，消除疲劳，刺激幼儿脑垂体分泌更多的生长激素，从而促进幼儿骨骼发育。

合理的生活制度有利于幼儿养成良好的习惯。每天合理地安排睡眠、餐饮、活动和游戏的时间，经过长期有规律的刺激，幼儿大脑皮层形成一系列的条件反射，养成了良好的生活习惯，促使幼儿睡眠好、吃饭香，精力充沛、精神愉快、注意力集中、乐于学习，其身心得到健康发展。

合理的生活制度还利于保教人员更好地安排教育教学活动。托幼机构是幼儿集体生活的场所，幼儿人数多，年龄参差不齐，合理的生活制度就成为保教人员对幼儿进行教育和护理的工作依据。

---

① 麦少美. 学前卫生学. 上海：复旦大学出版社，2005：59-68.

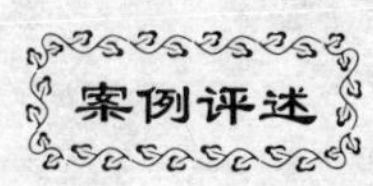

某幼儿园一日作息时间表

7：30—8：20 儿童入园及晨检
7：45—8：15 早餐
8：15—8：20 早操前的准备
8：20—8：50 早操
8：50—9：00 喝水；如厕
9：00—9：30 教育活动
9：30—9：40 间餐
9：40—10：20 区域活动
10：20—10：30 喝水；如厕；户外活动前准备
10：30—11：00 户外活动
11：00—11：40 午餐
11：40—11：50 餐后安静活动
11：50—12：00 如厕；脱衣
12：00—14：00 午睡
14：00—14：30 起床；如厕；喝水；午点
14：30—15：00 教育活动
15：00—15：05 户外活动前准备
15：05—16：05 户外活动
16：05—16：15 餐前准备
16：15—16：45 晚餐
16：45—17：30 离园

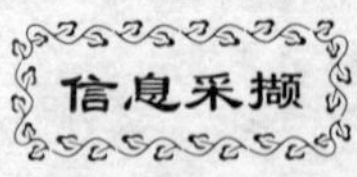

制定一日生活制度时坚持的原则[①]

●根据幼儿的年龄特点安排各项活动。幼儿年龄越小，学习活动时间宜越短，休息、户外活动和睡眠的时间宜更长。托幼机构如果按年龄分班，各年龄班都有自己的作息制度。

●动静结合，不同类型的活动交替进行，提高活动效率，这样使大脑皮质和身体各个系统得到轮流休息。

●根据家长工作需要安排入园和离园时间。

●结合季节变化做适当的调整。夏季，早晨可以早起床，中午延长午睡的时间。冬季可以晚起床，缩短午睡的时间。相应其他的活动也随季节的变化做出调整。

当然由于地区差异，教师可以根据具体情况，因地制宜以制定出适合本地、本园的生活制度。

执行生活制度时的注意事项[②]

●严格执行，不得随意更改，持之以恒。

●家园同步，争取家长在节假日也安排好幼儿的一日生活，保持良好的卫生习惯，饮食、起居要有规律。

●预防为主，在一日生活的各个环节都要加强对幼儿的生活护理和卫生保健，使幼儿身心健康发展。

●个别照顾，对体弱多病的，有生理缺陷的或体力、智力较强的幼儿要给予个别照顾。

---

① 麦少美．学前卫生学．上海：复旦大学出版社，2005：59-68．

② 麦少美．学前卫生学．上海：复旦大学出版社，2005：59-68．

制定和执行合理的卫生保健制度[1]

卫生保健制度是检查和监督托幼机构各项保健工作的依据。托幼机构建立保健制度的目的就在于创设最优化的环境和条件，用更科学的方法喂养幼儿，从而确保幼儿在托幼机构中健康成长。卫生保健制度包含体格检查制度、预防接种制度、隔离制度、消毒制度、环境卫生制度。

(1) 体格检查制度。

幼儿体格检查制度：

● 入园前的体格检查。

幼儿入园时要经过全身检查。该检查一般在特约的医疗单位进行。确定无传染病或其他严重疾病后才能入园。

● 定期体检制度。

每个入园的幼儿在一定时期都要进行体验，均要建立健康卡片或档案。

● 晨、午、晚间的检查。

为了及时发现疾病，幼儿在早晨起床或入园时，中午起床及晚间入睡前（寄宿制幼儿园）应进行健康检查。其步骤可一问、二摸、三看、四查。

一问：幼儿入园时，问家长，了解幼儿在家时的健康状况，如食欲、睡眠、大小便、精神状况等。

二摸：摸幼儿额头、手心是否发烫，腮腺是否肿大。

三看：看幼儿脸色是否正常，眼睛是否流泪、充血，皮肤是否有皮疹等。

四查：检查幼儿口袋或书包中是否携带不安全物品。

---

① 麦少美．学前卫生学．上海：复旦大学出版社，2005：59－68.

●全日观察。

在幼儿整日活动中，保教人员要注意幼儿的健康状况，观察幼儿的精神、大小便、睡眠、食欲等，发现问题应该及时处理，随时做好记录。

工作人员体验：

托幼机构中的工作人员在参加工作前，必须经过全面身体检查，检查合格者方可就职。工作期间每年进行全面的体检。若患有传染病或系病原携带者，应立即离职治疗，痊愈后，要持有县区以上医疗单位开具的健康证明方可恢复工作。乙肝表面抗原阳性、慢性痢疾、化脓性皮肤病、滴虫性阴道炎、结核病、精神病等保教人员应调离工作。

(2) 预防接种制度。

托幼机构应该配合卫生防疫部门，完成幼儿计划免疫的工作。接种前，向家长和幼儿宣传预防接种的注意事项。注射后，填写预防接种卡，并注意幼儿接种后的反应。

(3) 隔离制度。

●患儿隔离。

发现传染病人后，立即将患儿隔离，通知家长，所在班要彻底消毒。不同传染病患儿要分开隔离，以防交叉感染。

●可疑病儿的隔离。

对可疑为被传染的幼儿也要隔离，但要与被确诊的传染病患儿隔离，并通知家长。

●加强对发病班的观察。

对传染病幼儿所在的班级的其他幼儿要注意观察体温、精神、食欲等，必要时采取预防用药，并及时告知家长。

(4) 消毒制度。

●餐具消毒。

幼儿餐具，用完后及时洗净，每日消毒一次。一般采用的是煮沸法，或者使用消毒柜。

● 水果消毒。

生食水果，要用清水洗净后削皮。

● 被褥、衣物消毒。

幼儿被褥、衣物要勤洗勤换。被褥要经常在阳光下暴晒。

● 玩具消毒。

玩具应该保持清洁并定期消毒。

● 图书消毒。

幼儿读物要定期在太阳下暴晒，破旧图书不宜再使用。

● 便盆消毒。

可用漂白粉澄清液清洗。

● 空气消毒。

幼儿活动室、寝室经常开窗通风，必要时采用食醋熏蒸或紫外线照射。

(5) 环境卫生制度。

● 室内。

经常开窗通风，保持空气流通，阳光充足。在幼儿入园前做好清洁卫生。采用湿式打扫。

● 室外。

做好院内绿化，每天对室外进行清洁打扫，垃圾箱远离活动场所。

● 厕所。

清洁通风，每天打扫消毒。幼儿用过的便盆要立即倒掉，刷洗干净。

2. 制定和执行合理的安全制度

幼儿教师要自觉遵守和执行安全制度，要用安全制度规范日常的保教工作。如不擅自离开工作场所，幼儿要在自己的视线内；严格交接班手续，及时清点幼儿人数；严禁陌生人接走幼儿，办理家长接送卡；各种生活用品（开水壶、汤盆、饭锅、刀具等）的摆放位置适当，操作规范；开水、菜汤要降温后才能给幼儿食用；消毒药品要妥善保管；对体弱和生病幼儿要细心照顾；给幼儿喂药时要核对姓名、药量、剂量；发现异常情况要及时报告等。

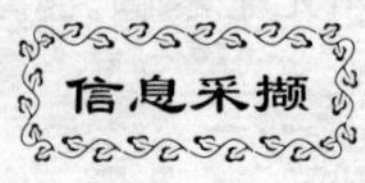

某幼儿园的接送安全制度

（1）家长送幼儿入园时，必须亲自把幼儿交到教师手中，不能只把幼儿送到大门口，防止幼儿走失。

（2）教师接待幼儿入园时，对家长提出的要求，反映的情况，所带的物品、药品要认真记在交接本上，以防止遗忘。

（3）幼儿离园时，教师要帮助幼儿做好准备，开大门后，由值班教师把幼儿亲自交给家长。幼儿在园期间发生的事情要如实向家长反映。

（4）严格按幼儿园规章制度和作息时间行事，不到接送时间不准家长接孩子。如有特殊情况，必须向教师请假，经允许后方可接走。

（5）如果其他家长代接，教师必须打电话跟孩子父母确认后，由来人签字才能接走幼儿。幼儿不认识的陌生人不准接走幼儿。

二、加强家庭生活中的健康指导

苏联教育家马卡连柯说：“家庭是最重要的地方，在家庭里面，人初次向社会生活迈进！”① 幼儿出生后最早接触的环境是家庭，它对幼儿的知识经验、思想道德、情感态度、行为习惯、兴趣爱好和智力潜能的发展都产生了极其重要的影响。《纲要》

① 马卡连柯. 父母必读. 北京：人民教育出版社，1985：303.

指出，家庭是幼儿园重要的合作伙伴，幼儿园应该与家庭密切合作，共同为幼儿的发展创造良好的条件。但是家庭又是千差万别的，有着各自的特点，有不同的优势和缺陷。所以幼儿园应该本着尊重、平等、合作的原则，争取家长的理解、支持和主动参与，并积极帮助家长提高教育能力。就幼儿健康而言，取得家长的积极配合更为重要，来自家长的消极影响将抵消幼儿健康教育的积极作用。

(一) 认识家庭教育特点

家庭教育是家长言传和身教相结合，抚育、培养孩子，以促使孩子身心健康发展，逐渐走向独立的教育活动。家庭教育在不同时期有着不同的特点，同时因为家长的个人素质、能力、品格的不同，孩子特质的不同，家庭教育的方法和结果各不相同。但总的来说，家庭教育的基本特点是我们应当了解的。

1. 随机性和渗透性

家庭教育没有固定的大纲和教材，不受时间、地点、场合、条件限制，父母可以通过与子女共同活动的一切机会进行教育，正所谓“遇物而诲”“相机而教”。同时在家庭成员共同生活的过程中，家庭成员间的关系、文化氛围、生活习俗、爱好等，都会潜移默化地影响子女，尤其是父母的思想言行对子女的影响是最大。自然，家庭中父母的争吵、闹离婚或者遭受到父母、长辈不公正的待遇、惩罚、辱骂等，那种悲愤、委屈、痛苦的情趣会刻骨铭心地印刻在孩子长期的记忆中，令他们终生难忘。

2. 亲密性和权威性

家庭教育的亲密性和权威性是建立在血缘伦理上的亲密和权威。家长有着其他教育者无法比拟的优势。这是因为家长与子女存在着血缘关系和经济与生活的依赖关系。建立在这种关系上的权威，天然带着亲情色彩，具有强大的人格感化作用，是一种无形的教育力量。在关键时刻家长的几句话，能使子女牢记一辈子。

3. 针对性和及时性

俗话说："知子莫过父，知女莫过母。"由于家长与子女存在特殊关系，子女与家长的朝夕相处，使子女有什么想法都愿向家长倾吐。同时在家庭自然状态下，子女的行为习惯表现更为真实、充分。所以家长对子女的秉性、脾气比较了解，这就为家长及时、有针对性地进行教育提供了条件。

4. 长期性和继承性

家庭教育相伴子女终生，子女从出生起接受家庭教育，比学校教育更具有持久性和连续性。

个体接受了父祖辈的教育，将来自己成家后，也会用同样的教育内容、方式方法教育自己的子女，用父祖辈那里接受到的家庭教育思想观点、行为习惯影响自己的子女。"家风"、"家业"就是继承性的一个说明。

5. 多样性和不平衡性

家庭教育的多样性和不平衡性受到家长素质、家庭结构、家庭条件、父母教养方式的左右，尤其是父母的教养方式，它直接导致家庭教育质量的参差不齐。这里重点介绍父母的教养方式。

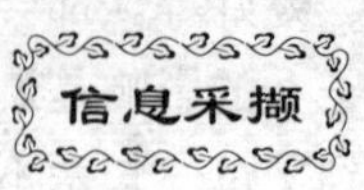

家庭常见的几种教养方式

• 民主型教养方式。

亲子关系和谐、民主、平等。父母平等对待、尊重子女，不任意打骂子女，对子女的行为更多的是加以分析和引导，在子女成长过程中出现的问题更多的是采用帮助和鼓励的方式解决。父母既能满足子女正当的要求，又能限制子女不合理的要求；既支持子女参与各种有益活动，又能训练子女的社会品德。在这种教养方式下成长起来的子女，会形成民主、平等、独立、自信、热情、诚实、礼貌、谦虚的个性特征。

● 保护型教养方式。

保护子女成长是家庭教养的责任和义务。著名教育专家陈鹤琴说过："凡是孩子自己能做的事，让他自己去做。"但是过度的保护是当前家庭存在的严重问题。如对子女身体的过度保护、把子女婴儿化、阻止子女社会化成熟。在这种家庭赶时髦成长起来的子女往往缺乏闯劲，社会能力差，怕吃苦，贪图安逸，遇到一点点挫折就不敢面对。

● 控制型教养方式。

父母对子女缺乏信任，不相信子女的能力，总希望子女唯命是从。经常对子女的活动严加干涉，严格限制其自由，希望子女按照家长设计的"蓝图"进行，打骂、斥责是家常便饭。在这种家庭中成长的子女，往往缺乏自信自尊，具有攻击、冷酷、执拗、自暴自弃、逃避现实的个性特征。

● 放纵型教养方式。

父母对子女要么百依百顺、有求必应，溺爱到极致，要么一概不管、任其发展，或者是委托保姆或祖辈教养，对子女不闻不问。在这种家庭里成长起来的子女，往往会形成以自我为中心、自私、胆小怕事、任性、缺乏独立性，或者是无责任心、独立性强、冷漠、不服从、情绪不稳定、狂妄的个性特征。

（二）建立家园合作机制

家园合作是指幼儿园和家庭（社区）都把自己当做促进儿童发展的主体，双方积极主动地相互了解、相互配合、相互支持，通过幼儿园与家庭的双向互动共同促进儿童的身心发展。[①] 正如陈鹤琴先生指出："幼稚教育是一种很复杂的事情，不是家庭一方面可以单独胜任的，也不是幼稚园一方面能单独胜任的，必定

---

① 教育部基础教育司. 幼儿园教育指导纲要（试行）解读. 南京：江苏教育出版社，2004：172.

要两个方面共同合作方能得到充分的功效。”[①] 所以幼儿健康教育活动的开展应该由幼儿园、家庭在内的这个社会来承担，应注意家庭教育和幼儿园教育的密切配合，建立家园合作机制。

1. 幼儿是出发点和归宿点[②]

家园合作的出发点和归宿点应该是幼儿，只有坚持一切以幼儿为中心，一切从幼儿出发，教师和家长所做的一切才能切实转化为幼儿的行为。苏霍姆林斯基在《把整个心灵献给孩子》一书中指出：我们与之打交道的是自然界中“最娇嫩、最精细和最敏感的东西，是小孩子的大脑。当成人想到大脑时，就要想象这是一朵挂着露珠的娇嫩的玫瑰”。[③] 因此家长和教师在共同教育幼儿养成健康行为的过程中更需要教育的艺术。

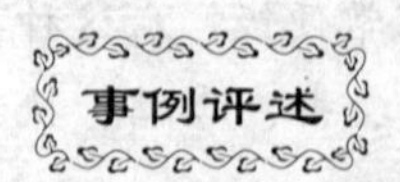

教师主动　家长放心[④]

我班陈涛小朋友，从小体弱多病，托班时病假多。家长对幼儿园老师的保教工作常常不放心：孩子在园是否有水喝，睡着了被子是否盖好，小便后裤子是否塞好……最后，家长干脆将孩子接回了家。小班上学期我们进行了家访。首先给孩子妈妈做工作，了解孩子近况，并回答家长的疑问。然后给爷爷奶奶做工作，向家长保证，一定会细致周到地照顾孩子，保证孩子健康成长。一次又一次家访，家长终于把孩子送回幼儿园。从此以后，老师、保育员紧密配合，关心照顾陈涛小朋友，同时引导孩子学习自我照顾，如：想喝水自己去，热了脱衣、冷了穿衣，有困难

---

① 转引自李建群. 家园合作共育健康幼儿. 教育研究，2010（3）.

② 李建群. 家园合作共育健康幼儿. 教育研究，2010（3）.

③ B. A. 苏霍姆林斯基. 把整个心灵献给孩子. 唐其慈，毕淑芝，译. 天津：天津人民出版社，1981：34.

④ 杨爱琴. “家园共同”案例分析. 早期教育，2004（6）.

找老师等。一段时间过去了，孩子高高兴兴、健健康康，家长从此转变了对教师的看法。与此同时，我们经常在晚上向家长汇报孩子的近况，听听他们的想法，并及时满足家长的要求，久而久之，家长从孩子健康成长的事实中看到了老师的辛勤付出并对老师产生了信任，开始积极主动地配合幼儿园的教育工作。

分析：陈涛小朋友属于比较特殊的孩子，她的家长在常人看来比较难沟通。但是老师能够换位思考，想家长所想，急家长所急。一方面，耐心细致地做好家长工作；另一方面，对孩子付出特殊的照顾和关爱，以实际行动赢得了家长的信赖和支持。毫无疑问，当家长和老师成了好朋友时，幼儿园的工作一定能够赢得家长的主动配合。

2. 教师是指导者和帮助者[①]

幼儿教师作为专职的教育工作者，精通幼儿身心发展的特点和规律，掌握科学的育儿方法，对幼儿的教育必然具有目的性、计划性和组织性。家长由于学历层次的不同、素质的不同、职业的不同、工作时间的不同，在幼儿教育问题上必然会良莠不齐。幼儿教师能以专业化的知识帮助家长更新教育观念、改善教育行为，掌握更多适宜、有效的教育策略和方法，提高教育能力。在家园合作中，教师应该承担指导者的角色。

教师应本着尊重、平等、合作、支持的原则，积极争取广大家长对幼儿园工作的理解、支持和主动参与。在家园合作中教师应该积极为家长创设沟通和合作的条件。如：传统形式的家访、邀请家长到幼儿园参观一日活动、建立家园联系簿、开通家长热线，召开家长会，为家长召开健康讲座，帮助家长树立正确的幼儿健康教育观，与家长通过研讨开展健康教育活动等。

① 李建群. 家园合作共育健康幼儿. 教育研究，2010（3）.

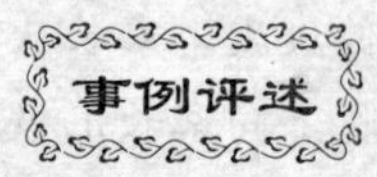

及时指导　提供帮助[①]

去年上半年，在全国上下共防“非典”的日子里，保证幼儿园小朋友不受“非典”病毒的侵害，是我们幼儿园、家长首要的任务。但是，“防非”工作细致烦琐，怎样才能真正把“防非”工作落到实处，了解家长的想法、取得每位家长的理解支持是很重要的。于是，我设计了一份“有话大家说”的“防非”小报，幼儿园把“防非”工作向家长宣传，也发动全园教师、家长、孩子共同参与讨论。大家在相互了解、相互支持中，提高了对“防非”工作重要性的认识，也增强了家长“防非”的自觉性和科学性。如有的家长主动讲到，“小孩到人多拥挤的商店有碍‘防非’措施的落实，可孩子不听，希望老师教育。”

分析：“为了孩子的健康成长”是我们和家长共同的目标。“防非”小报能创设机会让家长谈谈感想、为教育出点子提建议，从而有针对地指导家长转变观念，在相互尊重、相互磨合、相互鼓励中并肩作战，使防“非典”工作取得了实效。

3. 家长是合作者、参与者[②]

联合国教科文组织在《学会生存》中提到：“在这项工作中，我们应该挑选和培植家庭和社区联合这种最积极的形式。”[③] 家庭教育的特点决定了家长是幼儿园重要的合作伙伴。确保幼儿健康成长必然要求和幼儿园教师取得一致，实行双方的共同合作。

世界教育规划研究专家沙布尔·拉塞克、乔治·维迪努认为：“学校不可能垄断教育，因而必须把学校同家庭、孩子周围

① 杨爱琴．“家园教育”案例分析．早期教育，2004（6）．
② 李建群．家园合作共育健康幼儿．教育研究，2010（3）．
③ 联合国教科文组织编．学会生存．北京：教育科学出版社，1996：277．

的人们以及大众传播媒介的影响协调起来。”利用家长资源，让家长成为幼儿园开展健康教育活动的参与者。家长由于职业的不同，教育资源上的优势是巨大的。如开展安全教育的活动，可以请求在消防部门、电力部门、公安部门工作的家长走进课堂为孩子上课，或者是提供现场演练的情境。这样做不仅激发了幼儿学习的兴趣，丰富了幼儿园的教育资源，更增强了亲子之间的关系。

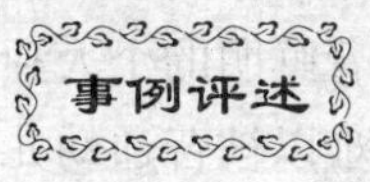

把家长请进课堂①

我们幼儿园组织奶奶和小朋友一起欢度“三八”妇女节，整个过程有孩子给奶奶介绍“我的好奶奶”版面展，有小朋友汇报表演，有折叠衣服、喂小动物竞赛，有奶奶表演、亲子游戏，有家长发言等，最后还针对如何教育孩子召开了简短的家长会。整个活动形式多样，奶奶们在参与的过程中看到了孩子的表现与进步，了解、感受到老师的辛勤付出以及对孩子的关爱。在家长会上，奶奶们一致表示要支持我们的工作，并对我们的工作表示感谢。

分析：这次庆祝“三八”节活动，使我认识到，开展指导家长的工作，不能光靠说教，而应把家长请进我们的活动，让她们了解自己孩子的表现和进步、了解教师对孩子的关爱和付出，从而在情感上接纳老师，在行动上真正与老师要求保持一致。

（三）关注特殊需要的幼儿教育

这里的特殊需要幼儿是指在身心发展或学习、生活中与普通

---

① 杨爱琴．“家园教育”案例分析．早期教育，2004（6）．

幼儿有明显差异，因而需要给予区别于一般帮助的特殊服务的幼儿，包括超常幼儿，学习困难幼儿，有视觉、听觉等各种残疾的幼儿，在某一方面某个时期在发展或学习中需短期或长期的各种特殊服务的非残疾幼儿。在世界各国特殊需要教育的发展历程中形成了一个较有影响的理念——全纳教育。全纳教育认为个体差异是普遍存在的，每个幼儿都是特殊的，每个幼儿都有特殊教育需要。因而特殊需要的幼儿并不仅仅是指残障幼儿，还有那些在普通幼儿园接受教育的“正常”幼儿。他们没有任何身心障碍，但又与众不同，是在认知、语言、行为等方面有着鲜明的个人独特性的正常幼儿。这种独特的“特殊”却又往往难以被普通幼儿园教师读懂和接受，因为他们的独特性有时会给幼儿园和教师带来很大的“麻烦”。可见，这些有特殊教育需要的正常儿童更考验幼儿园、学校和教师的教育理念和智慧，他们迫切需要能够满足他们“特殊需要”的教育。

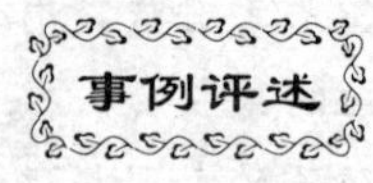

爱上厕所的小瑶[1]

小瑶，女，3岁。小瑶爱上厕所这一习惯，是从上幼儿园没多久就开始的。有时候，她一次活动中要上5、6次厕所。进餐时，才吃几口饭，就露出难以下咽的表情，于是要求上厕所；上课时，老师请小瑶回答问题，她的回答却是：“上厕所”；玩雪花片时，小瑶同桌的小朋友有的搭成“小鸭子”，有的搭成“小太阳”，小瑶摆弄了几下之后，举手请求上厕所……

① 左瑞勇，汪春梅. 关注“窗边的小豆豆”——对幼儿园中的“特殊需要儿童”及其教育现状的思考. 教育导刊，2010 (10).

不睡午觉的瑞瑞

瑞瑞，男，4岁。从上托班开始，瑞瑞就从来没有在幼儿园睡过午觉。中午，小朋友们都在熟睡时，瑞瑞却在寝室里一个人欢快地玩着。他高举着小朋友的鞋子，一边跑一边喊："飞机飞了。"玩完飞机，他走到已经熟睡的东儿床边，大声地说："东儿，你今天中午不睡觉，外婆就不来接你了。"听到这样的话，老师哭笑不得。老师想方设法地哄瑞瑞睡觉，都无法让他闭上眼睛……

吃饭拖拉的小思

小思，男，5岁。从上幼儿园开始，小思就是班里吃饭最拖拉的一个。他吃饭总是有那么多事情要说，有那么多问题要问。他从不大口吃饭，经常是一粒一粒地拈着米饭吃，一根一根地夹着面条吸，老师只有干着急……

《纲要》指出："关注幼儿的特殊需要，包括各种发展潜能和不同发展障碍，与家庭密切配合，共同促进幼儿健康成长。"但是在现实的幼儿园教育和家庭教育中，我们往往缺乏对特殊需要幼儿的认识，更缺乏对特殊需要教育的意识，因而常会按照通常的经验、方法和划一的模式来对待有着各种特殊教育需要的孩子，其结果必然是徒劳无功的。这种情况很容易导致教师和家长逐渐失去教育信心，最终导致特殊需要幼儿逐渐被边缘化，给他们一生造成无法挽回的损失。

全纳教育的理念就在于要求幼儿园必须在管理、课程教学以及与家庭、社区的关系中渗透和体现全纳教育理念，创建全纳性幼儿园，满足每个幼儿的特殊教育需要。一是幼儿园管理要体现接纳、关注和尊重所有幼儿，创设宽松和谐的环境。二是幼儿园课程和教学中要有对幼儿生活经验和个人独特性的关注。三是幼儿园与家庭社区要体现为合作与互动。四是全纳性幼儿教师的培养。通过职前和职后教育帮助幼儿教师树立全纳教育观念，培养对特殊需要教育幼儿的正确态度、积极情感和教育智慧，强化实施个别化教育的能力。

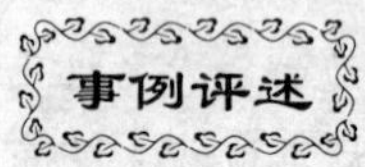

《窗边的小豆豆》给我们的启发[1]

《窗边的小豆豆》一书是日本著名作家、电视节目主持人、联合国儿童基金会亲善大使黑柳彻子的代表作，是作者以自己童年亲身经历为原型写成的。书中的“小豆豆”是一个聪明活泼、个性独特、与众不同的女孩，比如：在上课的时候，她突然站在窗子旁边，为的是等待和路过的艺人打招呼；听说大块的牛肉都是用钩子挂着，于是她从早上开始用一只手抓住最高的单杠，大声叫着“我今天是牛肉”等。不过，她的这种独特性却并不能为一般人（包括一般的老师）所接受，以至于小学一年级就不得不退学和转学。幸运的是，她转到了一个能够接受她的不一般的学校——巴学园，遇到了一个能够接受她的不一般的老师——小林校长。小林校长第一次见小豆豆就认真听她讲自己的趣事，足足听了四个小时；看见小豆豆把厕所里的东西舀出来，只说了一句：“要全部还回去”；他带领孩子们去墓地玩捉鬼的游戏……

巴学园中有大树桩校门、火车箱教室和“海的味道、山的味道”的午餐等。在巴学园里，孩子们每天可以根据当天的心情和便利，自由选择自己喜欢的座位。在第一节课开始的时候，老师就把当天要上的所有的课，还有每一节课所要学习的所有问题点，满满地写在黑板上，然后说：“下面开始上课，从你喜欢的

① 左瑞勇，汪春梅. 关注“窗边的小豆豆”——对幼儿园中的“特殊需要儿童”及其教育现状的思考. 教育导刊，2010（10）.

那门课开始吧。”为什么要这样上课？黑柳彻子在书中写道：“由此，老师能够清楚地了解每个学生的个性。对于老师而言，在了解学生的基础上因材施教，是最有效果的上课方法。”多么有趣而自由的学习啊！小林校长非但不在意学生吃饭时说话、吃饭速度太慢，反而说：“吃饭的时候，应当尽量让心情愉快。不要急匆匆地吃完，而要花点儿时间，一边说着各种话题一边吃比较好。”

三、重视健康教育资源的有效利用

幼儿健康教育资源是直接或间接地影响着幼儿健康教育活动的开展，有利于实现幼儿健康教育的目标，促进幼儿健康教育发展的各种因素。实施幼儿健康教育活动可以开发和利用的资源很多，如幼儿园内部的教育资源、丰富的社区资源、广泛的自然资源等。正如《纲要》指出的，幼儿园应综合利用各种教育资源，共同为幼儿的发展创造良好的条件。

（一）合理配置幼儿园保教人员

建立一支高质量的保教队伍是实现幼儿园工作目标的保证。因此要顺利开展幼儿园健康教育活动，实现健康教育的目标则必须合理配置保教人员。《幼儿园工作规程》和《教师资格条例》首先就对保教人员在任职条件上给予了说明。一是保教人员应具有良好的思想道德，为人师表，有良好的生活习惯。二是保教人员应具有高尚的职业道德，热爱幼教事业，有一种光荣感和责任感，热爱尊重每一个幼儿。三是保教人员要有一定的幼儿教育专业知识和素养。四是保教人员应具有教育教学的实际工作能力，灵活的教育机智。

《全日制、寄宿制幼儿园编制标准（试行）》提出了保教人员的配置比例。如专职教师：全日制幼儿园和寄宿制幼儿园一律平均每班配 2～2.5 人；保育员：全日制幼儿园平均每班配 0.8～1

人，寄宿制幼儿园平均每班配2～2.2人。教职工与幼儿的比例如下：全日制幼儿园：1∶6～1∶7；寄宿制幼儿园：1∶4～1∶5。

（二）充分利用社区体育场地设施

《纲要》指出："充分利用自然环境和社区的教育资源，扩展幼儿活动和学习的空间，幼儿园同时也应为社区的早期教育提供服务。"社区是指聚居在一定地域范围内的人们所组成的社会生活共同体。在这个范围内，人们从事经济、政治、科学、文化活动，并由此构成一定的生产关系与社会关系的小社会。社区的管理人员有义务从人力、财力、物力、制度等各方面尽力支持社区内学前教育机构，提高其教育质量，推动整个社区内的学前教育事业的发展。社区资源，尤其是社区的体育场地设施，成为幼儿园开展健康教育活动的有利资源，充分与幼儿园教育实现双向互动、资源共享。

现在大部分社区还专门开辟健身点，设置多样的体育器械及设施，如：攀登架、双杠、秋千等，有的小区还有网球场、游泳馆等专业的体育场馆。这些都为幼儿园健康教育活动开展提供了物质条件，是取之不尽的宝贵资源。教师在利用这些设施进行健康教育活动时，首先要选择适合幼儿动作发展的器具，并且加以设计，以游戏的形式来进行。如：以小组为单位，利用攀登架组织一个"小猴摘果子"的比赛；创设一定的游戏情景，让幼儿扮演他们喜欢的小动物，进行竞赛；组织一次"小小篮球赛"的活动，使孩子参观篮球场，了解一些关于篮球赛的规则，并亲身体验一下投篮的感受，丰富幼儿的体育知识；组织一次综合的"小小运动会"活动，让幼儿利用社区内的广场进行各类运动，在竹梯上爬爬、在秋千上荡荡、在跑步机上跑跑，都是很易于开展的活动。

（三）因地制宜开展健康教育活动

《纲要》指出："教育活动的组织形式应根据需要合理安排，

因时、因地、因内容、因材料灵活的运用。”因此，幼儿园应该根据本园具体环境和条件就地取材，自己动手，积极为开展幼儿健康教育活动创设物质条件。如南方可利用水，北方可利用冰雪开展活动，或者是利用废弃的汽车轮胎做成秋千，用旧铁罐做成高跷为幼儿提供体育活动的器材等。此外还可以为幼儿提供富有民族和地方文化特色的民间游戏。如抓石子、扔沙包、跳皮筋、滚铁环、跳房子、捉迷藏、斗鸡、放风筝、老鹰捉小鸡、弹球、石头剪子布等。当然，幼儿园教师可以根据本地区、本民族、本幼儿园的实际情况和幼儿认知发展水平，对民间游戏自行改编。

郊游活动也是对幼儿身心发展十分有益的活动，如爬爬小山、滚滚草地等，或者春天来临的时候，教师组织幼儿走出幼儿园，与大自然亲密的接触，呼吸新鲜的空气，聆听鸟儿的歌声，闻闻花的香气，欣赏美丽的景色，这本身就是对幼儿身心的锻炼和陶冶。在郊游中，幼儿的攀、爬、走、跳等运动技能也得到进一步的锻炼和提升。

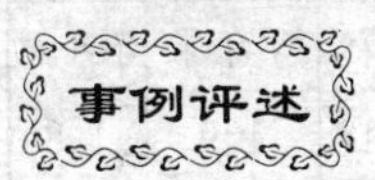

因地制宜地组织民间游戏活动[①]

某幼儿园教师根据本地区、本民族、本幼儿园的实际情况和幼儿认知发展水平，自行调整、补充和完善了很多的民间游戏活动，并在幼儿园中实施。见下表：

① 摘自：民间游戏活动在幼儿园健康教育中的研究与实践，http://www.cnsece.com/Page/2007-2/80267220072272254 36.html.

时间	主要研究内容
1999年—2000年	幼儿民间户外体育游戏（丢手帕、编花篮、抽陀螺、跑风车、跳绳、捉迷藏、跳皮筋、跳房子、老鹰捉小鸡、弹球、抓石子、扔沙包、石头剪子布等）
2000年—2001年	对部分传统民间游戏活动进行改编，扩充幼儿民间体育游戏的内容（旱船、舞龙、高跷、抬轿子、跳竹竿、爬绳、爬竿、跳马、踢毽子、荡秋千、武术等）
2001年—2002年	民间玩具（风车、布玩具、面具傀儡、竹马、风筝、泥人等）多功能的开发
2002年—2003年	幼儿民间室内游戏（翻绳、打手背、抓子、弹杏核、过电影、方宝、过家家）

这所幼儿园因地制宜地实施了民间游戏后取得的效果如下：

(1) 适宜的民间游戏活动促进幼儿身体形态和运动机能的发展。

年龄（岁）	身高（cm）		体重（kg）		胸围（cm）		呼吸差（cm）	
	学年末	学年初	学年末	学年初	学年末	学年初	学年末	学年初
3~4	109.9	104.1	17.8	15.3	56.2	55.4	1.9	1.8
4~5	117.5	116.3	19.7	17.2	58.3	57.3	3.1	2.5
5~6	124.5	122.7	26.7	22.3	60.1	59.5	3.7	3.1

从表中可以看出，民间游戏活动的开展，促使幼儿在形态机能上有了量与质的飞跃，成效显著。3~6岁的幼儿正处于基本动作形成时期，通过科学合理的锻炼，幼儿走、跑、跳、钻、爬、投掷等基本动作已初步掌握，正向平稳协调方向迈进。

(2) 幼儿的环境适应能力、抗病能力显著提高。

经过几年的民间游戏活动实践，参与活动的幼儿对气温的冷暖变化和对疾病的抵抗能力大大加强，幼儿常见病、多发病的发病率下降3%，幼儿出勤率达到96.2%。民间游戏活动的开展能够增强幼儿机体对环境的适应能力。

（3）幼儿对民间游戏活动的兴趣不断增强。

由于在民间游戏活动中，幼儿大都是自主地活动，幼儿的积极性得到了充分的发挥，使幼儿对民间游戏活动产生了极大的兴趣，团结合作、勇敢机智、克服困难、探索尝试等社会性品质得到了良好的培养。

参考文献

[1] 教育部基础教育司. 幼儿园教育指导纲要（试行）解读. 南京：江苏教育出版社，2010.

[2] 顾荣芳. 试论幼儿健康教育的渗透与融合——兼议《纲要》幼儿健康教育思想的贯彻. 学前教育研究，2002（01）.

[3] 顾荣芳. 学前儿童健康教育论. 南京：江苏教育出版社，2006.

[4] 李君. 学前儿童健康教育. 北京：科学出版社，2008.

[5] 麦少美，孙树珍. 学前儿童健康教育活动指导. 上海：复旦大学出版社，2005.

[6] 中国营养学会. 中国居民膳食营养素参考摄入量. 北京：中国轻工业出版社，2000.

[7] 周韫珍. 妇幼营养学. 北京：科学出版社，1997.

[8] 中国预防医学科学院、营养与食品卫生研究所编著. 食物成份表. 北京：人民卫生出版社，1991.

[9] 陈幸军. 幼儿教师教育技能. 北京：人民教育出版社，2010.

[10] 顾荣方. 论儿童的生活方式. 早期教育，2001（09）.

[11] 育星幼教网. http://www.gz61.com.

[12] 黄真猛. 幼儿交通安全教育之我见. http://log.cer2sp.com/userlog/21015/archives/2006/168752.shtml1.

[13] 周亚明. 交通安全教育：从娃娃抓起的实践构想. 四川教育学院学报，2007（06）.

[14] 卜红侠. 幼儿自我保护能力的培养. http://www.xzedu.net.cn/xzse/xzyj.
[15] 南京市夫子庙小学. 遭遇火灾如何正确脱险，2005.
[16] 儿童意外伤害的紧急处理. 生活时报，1999-3-16.
[17] 公共安全与健康小学生读本. http://www.xici.net.
[18] 王化敏. 给幼儿教师的一把钥匙. 北京：教育科学出版社，2010.
[19] 刘馨. 学前儿童体育. 北京：北京师范大学出版社，1997.
[20] 山东学前教育网. http://www.sdchild.com/fangan/play/Index.shtml.
[21] 刘疆燕，成伟兰. 幼儿园如何开展"三浴"活动. 教育导刊，幼儿教育，2000 (03).
[22] http://www.ci123.com（育儿网）.
[23] http://www.yaolan.com（摇篮网）.
[24] 朱家雄. 幼儿园课程. 第四版. 上海：华东师范大学出版社，2006.
[25] 黄仁颂. 学前教育学. 第二版. 北京：人民教育出版社，2009.
[26] 蔡迎旗. 学前教育概论. 上海：华中师范大学出版社，2006.
[27] 陈幸军. 幼儿教育学. 北京：人民教育出版社，2003.
[28] 杨文尧. 幼儿园活动设计与实践. 北京：高等教育出版社，1999.
[29] 张琳. 幼儿园教育活动设计与实践. 北京：高等教育出版社，2006.
[30] 幼儿教师培训中心. 幼儿园活动设计与指导. 成都：四川人民出版社，2002.
[31] 刘云艳. 幼儿心理素质教育的理论与实践研究. 北京：教育科学出版社，2008.
[32] 刘立民. 幼儿园课程论. 大连：大连理工大学出版社，2008.
[33] 赵寄石，唐淑. 幼儿园渗透式领域课程（小、中、大）. 南

京：南京师范大学出版社，2005.
[34] 张明红. 给幼儿教师101条建议. 南京：南京师范大学出版社，2007.
[35] 鄢超云. 小问题大智慧（上、下）. 北京：科学出版社，2004.
[36] 周兢. 幼儿园活动整合课程. 南京：南京师范大学出版社，2002.
[37] 严先元. 讲授的技巧. 成都：四川大学出版社，2010.
[38] 裘耐心. 幼儿卫生保健. 北京：高等教育出版社，2003.
[39] 顾荣芳. 从幼儿健康教育活动目标谈起：幼儿健康教育与各领域教育之关系探讨. 幼儿教育，2005 (02).
[40] 周淑慧. 幼儿教材教法：统整课程取向. 台湾：心理出版社，2002.
[41] 倪敏. 幼儿园课程与教育活动设计. 北京：中国劳动社会保障出版社，2009.
[42] 麦少美，孙树珍. 学前儿童健康教育活动指导. 上海：复旦大学出版社，2010.
[43] 王桂华. 中国民间游戏. 上海：上海教育出版社，2000.
[44] 李维. 课堂教学技能. 贵阳：贵州人民出版社，1988.
[45] http://news.sohu.com/20090417/n263457127.shtml.
[46] 杨文尧. 幼儿园活动设计与实践. 北京：高等教育出版社，1999.
[47] 刘云艳. 幼儿心理素质教育的理论与实践研究. 北京：教育科学出版社，2008.